amantine (Hg.)

»Die Häuser, denen die drin wohnen!«

Kleine Geschichte der Häuserkämpfe in Deutschland

unrast transparent
bewegungslehre

UNRAST

Bibliographische Information der Deutschen Bibliothek
Die Deutsche Bibliothek verzeichnet diese Publikation in der Deutschen Nationalbibliografie; detaillierte bibliographische Daten sind im Internet über http://dnb.ddb.de abrufbar.

amantine (Hg.)
»Die Häuser denen, die drin wohnen!«

unrast transparent
bewegungslehre
Band 1

1. Auflage, August 2012
ISBN 987-3-89771-115-0

Postfach 8020, 48043 Münster – Tel. (0251) 66 62 93
info@unrast-verlag.de – www.unrast-verlag.de
Mitglied in der assoziation Linker Verlage (aLiVe)
Umschlag: Unrast Verlag
Satz: Unrast Verlag
Druck: Interpress

Inhalt

Ein Hinweis zur Schreibweise:

Im Buch werden folgende Genderschreibweisen verwendet: in erster Linie das * (Gender Sternchen) – Es umfasst dabei unterschiedliche, einschließlich queere, trans und andere Genderidentitäten – des Weiteren das Binnen-I sowie der Unterstrich_ (Gender Gap). In Zitaten wird die Originalschreibweise beibehalten. Viel Spaß.

1. Die Häuser aneignen!

Miete verweigern, Kündigungen ins Klo, Häuser (Plätze) besetzen sowieso

Die Häuser denen, die drin wohnen

Wir brauchen keine Hausbesitzer, denn die Häuser gehören uns

Wir haben ein Haus, instandbesetztes Haus,
Den Peter und den Pitt, die schauen nur zum Fenster raus,
Wir haben ein Haus, den Peter und den Pitt,
Der jeder Bullensau mal kräftig in die Fresse tritt

Wohnungslos muss nicht sein – zieht in leere Häuser ein!

AJZ subito – autonom – sowieso

Gegen das Konstrukt von Wohnungsmarkt und Mieten! Lasst euch diesen Scheiß nicht bieten!

Gegen Staat und gegen Geld – Freiräume braucht die Welt!

GSW (oder wer auch immer) Ungeheuer! Erstens scheiße, zweitens teuer!

Jeder Stein der abgerissen, wird von uns zurückgeschmissen!

Miete zu teuer, ob warm oder kalt! Hier in... knallt es bald!

Miethaie zu Fischstäbchen!

Kein Gott – kein Staat – kein Mietvertrag!

Macht ihr uns das HAUS platt, nehmen wir uns die ganze Stadt!

Mit Beton billig bauen und die ganze Stadt versauen

Krieg den Hütten, Paläste für alle!

Häuser her, aber flink, sonst streichen wir die City pink!

Hände Hoch – Haus Her!

Lass kraake, lass knalle – Wir bleiben Alle!

Diese bekannten Demo-Slogans, Parolen, Sprüche und Liedtexte stammen aus den letzten 40 Jahren, als im Anschluss an die 68er-Bewegung immer mehr Menschen anfingen, leerstehende Häuser zu besetzen, um selbstbestimmt und autonom ein anderes Leben zu gestalten.

Mit durchaus unterschiedlichen politischen Zielen und Motivationen, Beweggründen und Vorstellungen haben Kämpfe um Wohnraum, bezahlbare Mieten und Häuser eine lange Geschichte und Tradition in Deutschland aufzuweisen.

1872 entstanden aufgrund der miserablen Wohnungssituation in Berlin 21 nicht genehmigte Hüttendörfer. Die größte war die Barackensiedlung *Freistadt Barracia* am Cottbusser Tor, in der über 160 Familien wohnten. Bis Herbst desselben Jahres waren alle Hüttendörfer geräumt, doch in einigen Fällen gab es breiten Widerstand. Nach der Räumung von sechs Hütten und eines Schusters aus der Blumenstraße, der seine Miete nicht mehr aufbringen konnte, kam es zu tagelangen Straßenschlachten mit der Polizei, bei denen Blumentöpfe, Steine und Barrikaden eingesetzt wurden. Zudem gab es in Deutschland in der 20er und 30er Jahren des 20. Jahrhunderts zahlreiche Mietstreiks, an denen sich Tausende von Mieter*innen beteiligten.

Auch die generelle Infragestellung von Besitz- und Eigentumsverhältnissen ist keineswegs neu.

1796 fordert die *Gesellschaft der Gleichen* um Sylvain Maréchal, François Noël Babeuf und anderen in ihrem *Manifeste des Égaux* die Abschaffung des Privateigentums:

»Unsere Gesetze über Erbrecht und Unveräußerlichkeit sind ›menschenmörderische‹ Einrichtungen. Das Monopol einzelner am Landbesitz, ihr Besitztitel auf dessen Erzeugnisse – über die natürlichen Bedürfnisse hinaus ist nicht mehr und nicht weniger als Diebstahl, und all unsere bürgerlich-rechtlichen Einrichtungen, unsere einfachen geschäftlichen Transaktionen sind eitel Räuberei, sanktioniert durch barbarische Gesetze.«

»Eigentum ist Diebstahl«, schrieb bereits 1840 Pierre Proudhon in seinem Werk *Was ist das Eigentum?* Tausende von Namenlosen vertraten die gleichen Ansichten und haben in vielen sozialen Kämpfen und Auseinandersetzungen für eine freie und herrschaftslose Gesellschaft gerungen.

Eigentum ist auch heute noch Diebstahl – wenige besitzen ein Großteil der Güter, Waren, Produktionsmittel, Grundstücke, Kapital, Geld und Häuser. Der gesellschaftliche Reichtum ist ungleich verteilt, und die Besitzenden können ihren auf Ausbeutung und Unterdrückung basierenden Reichtum zum Teil noch vermehren. Der Wohlstand in der BRD verweist zudem auf die Jahrhunderte lange Geschichte von Kolonialismus und imperialistischer Politik.

An dem grundsätzlichen Prinzip und der Logik einer auf Besitz und Profit basierenden ökonomischen Gesetzmäßigkeit unserer Gesellschaft hat sich nichts geändert. Der globalisierte Kapitalismus ist heute eines der bestimmenden und herrschenden Systeme zur Aufrechterhaltung von Macht – und der Privatbesitz ist eine dieser Säulen, in der Verfassung der BRD ist er festgeschrieben (*Art. 14,(1) Satz 1: Das Eigentum und das Erbrecht werden gewährleistet*).

Insofern kann nur die Beseitigung des Kapitalismus an diesen Eigentumsverhältnissen etwas ändern. Nur konsequente Enteignung von Privatbesitz und Überführung in kollektive Strukturen und Hände, nur die Aneignung dieser Güter durch die Nicht-Besitzenden kann dem ein Ende machen.

Die Häuserbewegung mit der Aneignung von Gebäuden, Fabrikhallen, Plätzen und anderen Orten hat in dieser Richtung wichtige Impulse geliefert. Folgerichtig haben sich diese Besetzungen als ernst zu nehmende Gefahr für die Immobilienspekulant*innen, Eigentümer*innen, Stadt-

Planer*innen, und -Strateg*innen entpuppt, die ihre Profite und Umstrukturierungs- und Gentrifizierungsvorhaben in Gefahr sahen und sehen.

Auch wenn nicht wenige besetzte Häuser geräumt worden sind und der Staat Hand in Hand mit den Kapitalinteressen der Privateigentümer*innen und Wohnungsbaugesellschaften seine Pläne allzu oft durchsetzen konnte, so gelang es doch, an vielen Orten Häuser und Projekte angesichts diverser Kämpfe zu erhalten, wenn auch zu unterschiedlichen Konditionen. Einige Häuser konnten gar ihren besetzten Status eine Zeit lang (oder noch immer) aufrechterhalten. Die Gentrifizierungsprozesse konnten in einigen Fällen durch Protest und Widerstand gestoppt, gestört und behindert werden.

Die Frage nach Aneignung wird sich immer wieder stellen, bis immer mehr Menschen zu der Einsicht gelangen, dass es an der Zeit ist, dieses System der Eigentumstyrannei zu stürzen. Wann das sein wird, wissen wir nicht. Die letzten 40 Jahre sind die Fortsetzung vorausgegangener Kämpfe, die kommende Kämpfe werden die Fortsetzung der jetzigen Auseinandersetzungen sein.

In diesem Sinne. Es hat gerade erst angefangen.

Aneignung Jetzt – Venceremos!

2. 99 Gründe ein Haus zu besetzen?

Für Besetzungen von Häusern, Gebäuden und Flächen für Wagenplätze spielen ganz unterschiedliche Beweggründe, Motivationen und Ziele eine Rolle. Meist sind es mehrere Gründe zusammen:

Von elementarer Bedeutung für die Idee zu besetzen, ist der Wunsch, eigene Räume, sogenannte Freiräume, zu schaffen und selbstbestimmt, ohne staatliche Kontrolle, zu gestalten. Darin werden dann Wohnstätten, Kultur-, Kommunikations-, Stadtteil-, Jugend- oder sonstige politische Zentren und Orte errichtet. Ein anderer Grund ist, anders leben zu wollen, aus der alltäglichen Tristesse des (elterlichen) Alltags auszubrechen, um gemeinsam mit vielen Gleichgesinnten alternative Lebensweisen und neue Ideen auszuprobieren. Zum Beispiel in einer Wohnkommune auf dem Land oder in der Stadt mit oder ohne funktionale Räume und gemeinsame Schlaforte, in Riesen-WGs und in Hausprojekten.

Dort, so der oft formulierte Anspruch, können persönliche Veränderungen als Teil der politischen und gesellschaftlichen Veränderung von Machtverhältnissen, die sich in menschlichen Beziehungen manifestieren, stattfinden. Nicht selten existiert auch eine fundamentale Kritik an patriarchalen Ehe- und Kleinfamilienstrukturen. Ein Teil der vorstellbaren Utopie eines »besseren« Lebens ohne Hierarchien und Macht soll hier im »Kleinen« umgesetzt und erprobt werden. Hier wird kollektives Wohnen erlebbar, als Experiment in einem großen Laboratorium »revolutionärer« Vorstellungen und Gedankenwelten. Als ein wesentliches Merkmal hierachiefreien Zusammenlebens hat sich das Konsensprinzip entwickelt, nach dem sämtliche Entscheidungen nur nach der Zustimmung aller Beteiligten getroffen werden.

Zumeist wird mit dem Besetzen auch ein Protest gegen kapitalistische und staatliche Wohnungspolitik zum Ausdruck gebracht sowie die kapitalistischen Eigentumsverhältnisse infrage gestellt. Der oft von Besetzer*innen verwendete Slogan »Die Häuser denen, die drin wohnen« verdeutlicht diese politische Haltung. Dabei kann sich eine Besetzung, als Widerstand gegen Umstrukturierungs- und Gentrifizierungsmaßnahmen in einer Stadt oder in einem Stadtviertel, im Konkreten gegen Immobilienspekulation, spekulativen Leerstand, Wohnraumzweckentfremdung, Luxussanierung, Modernisierung und die Umwandlung in

Geschäfts- oder Gewerberäume oder die Vernichtung preiswerten Wohnraums oder den Abriss alter Wohnsubstanz (Kahlschlag- und Flächensanierung) richten.

Die Besetzungen stellen für viele zudem eine Strategie im politischen Kampf gegen die existierenden Herrschaftsverhältnisse und Machtstrukturen im Allgemeinen dar, sie sind eine von vielen unterschiedlichen Widerstandsformen. Besetzte Räume können der Koordination, Kommunikation und Organisierung für den Widerstand sozialer, widerspenstiger, revolutionärer Bewegungen dienen.

Aufgrund von Obdachlosigkeit erfolgen Besetzungen eher selten, allerdings spielt der oft billigere Wohnraum (auch nach Legalisierungen von Besetzungen) eine nicht zu unterschätzende Rolle.

Wesentliches Merkmal der Hausbesetzung, die in fast allen Fällen aus unterschiedlichen oder sich überlagernden Gründen erfolgt, ist die politische Konstituierung als Protest, Widerstand und Ausdruck des politischen Dissenses mit den herrschenden Norm- und Wertevorstellungen.

Oft werden die besetzten Räumlichkeiten zum Wohnen verwendet. Flächen, die nicht zum Wohnen genutzt werden, werden als Kneipen, Konzert- und Proberäume, Werkstätten, Kinos, Büros, Theater, Bibliotheken, Veranstaltungs- und Partyräume, Fotolabore, Sportstätten, Umsonstläden usw. in Beschlag genommen.

Des Weiteren kommt es immer wieder zu temporären politische Besetzungen, um gemeinsam mit anderen sozialen Bewegungen Großprojekte von Regierungen und Konzernen zu verhindern und Herrschaftsstrukturen zu thematisieren: z.B. durch die Errichtung von Hüttendörfern (z.B. Startbahn West, Freie Republik Wendland in Gorleben, Anatopia gegen die Mercedes-Teststrecke in Papenburg) sowie Camps und Zeltstädten (z.B. Occupy-Zeltstadt vor der EZB in Frankfurt/Main).

3. Häuserkämpfe ab 1970 in der BRD und Westberlin

Die Häuserkämpfe sind eng verwoben mit den politischen und sozialen Bewegungen, Strömungen und Ereignissen einer Protest- und Widerstandskultur gegen herrschende Verhältnisse. Sie entstanden im Sog einer breiten 68er-Bewegung gegen den Amerikanischen-Krieg (aus »westlicher« Sicht Vietnam-Krieg) und Notstandsgesetzen, im Zuge der FrauenLesbenSchwulen-Bewegung, nationaler Befreiungsbewegungen (Angola, Guinea-Bissau, Mosambik etc.) und Revolten und Aufständen von Paris über Prag bis Mexico-Stadt, den Black Panthers und dem Weather Underground, dem Bruch mit der Eltern-Generation der Nazis und der Auseinandersetzung mit den noch verbliebenen Nazis in Amt und Würden sowie einer weitreichenden Kulturrevolution mit Drogen, Hippies, Kommunen, Jimi Hendrix, Doors und Janis Joplin – *Freedom's just another word for nothing left to lose* – es entstand ein neues Lebensgefühl.

Die Besetzungen erstreckten sich flächendeckend, unterschieden sich aber je nach Ort und Zeitpunkt in der Intensität, den Zyklen und der Bewegungsstärke voneinander. Neben einer breiten Jugendzentrumsbewegung in Hunderten von Orten konzentrierten sich die Hausbesetzungen vor allem in Großstädten wie Frankfurt/Main, West-Berlin, Hamburg, Freiburg, Bremen, Münster, Köln, Göttingen, Bielefeld, Düsseldorf, Hannover, Karlsruhe, München und ab 1989/90 vermehrt auch in Leipzig, Rostock, Potsdam und Dresden und Erfurt. In einigen Orten gab es ein einziges besetztes Haus, in anderen Orten dagegen viele – kaum ein Ort blieb verschont. Allein in Münster gab es seit der ersten Besetzung 1972 bis heute über 20, in

Hamburg über 50 und in Berlin zwischen 450 und 500 Besetzungen.

Die Gesamtzahl der Besetzungen lässt sich nur schätzen – doch von mehr als 1.000 ist auszugehen.

Insgesamt lassen sich in der Geschichte der Hausbesetzungsbewegung drei Phasen unterscheiden. Die erste Phase beschreibt den Zeitraum von 1970 bis Ende der 70er Jahre, die zweite Phase den Zeitraum von Ende der 70er/Anfang der 80er Jahre bis Ende der 80er Jahre und die dritte Phase den Zeitraum von 1989 bis heute (2012).

Die erste Phase

Die erste Phase von 1970 bis Ende der 1970er Jahre war insbesondere geprägt von einer breiten Besetzungsbewegung in Frankfurt/Main gegen Spekulation und Abriss und einer unabhängigen, autonomen Jugendzentrumsbewegung.

Ein Großteil der Besetzenden setzte sich Anfangs der 70er Jahre aus Jungarbeiter*innen, Arbeitslosen, Trebegänger*innen, Ex-Heim-Bewohner*innen sowie Student*innen zusammen.

Zu der ersten Hausbesetzung kam es 1970 am 10. April 1970 in **Köln**, als der Verein *Sozialpädagogische Sondermaßnahme* (SSK), der mit Jugendlichen und geflohenen ›Fürsorgezöglingen‹ antiautoritäre Jugendarbeit organisierte, gemeinsam mit Unterstützer*innen die Roßstraße ›instandbesetzte‹. Am 19. September 1970 folgte die Besetzung der Eppsteinstraße 47 in **Frankfurt/Main**, von Studierenden, die dort zusammen mit Arbeitsmigrant*innen, Arbeiter*innen und kinderreichen Familien ein Wohnhaus schaffen wollten.

Im Wunsch nach eigenen, selbstverwalteten Strukturen, Freiräumen und Häusern entstand die Bewegung der unabhängigen und autonomen Jugendzentren (UJZ und AJZ), in dessen Folge auch in vielen kleineren Orten unabhängige Jugendzentren besetzt oder durch allerlei politischen Druck und Aktionen geschaffen wurden.

So wurde in **Westberlin**, in der Mariannenstraße 13 am 3. Juli 1971 die Besetzung zweier Etagen einer Fabrik für ein *Jugend- und Lehrlingszentrum* durch die Polizei beendet und 76 Personen wurden festgenommen. Fünf Monate später folgte die Besetzung des *Georg-von-Rauch-Hauses* am Mariannenplatz. 1973 erhielten die Besetzer*innen des *Drugstore* in der Potsdamer Straße einen Nutzungsvertrag für ein Haus in der Wilhelmstraße 8 und benannten es nach dem von der Polizei 1972 erschossenen Thomas Weissbecker, der zum militanten Blues und ab 1971 zur RAF zählte. Ebenfalls 1972 wurde in Berlin-Schöneberg das ehemalige städtische Jugendzentrum besetzt, das sich fortan SJSZ (*Sozialistisches Jungarbeiter- und Schülerzentrum*) nannte. 1973 folgten in Berlin-Wedding zwei Wohnetagen des *Jugendzentrums Putte* in der Rügenerstraße.

Nach Räumung und Abriss der Putte (in der sich auch noch ein Kinder-, Jugend- und Schüler*innenladen befand) verübten die *Revolutionären Zellen* am 1. Mai 1974 einen Anschlag auf das Auto des Bezirksstadtrates für Jugend und Sport Peter Sötje, »weil er mitverantwortlich für den Abriss ist«.

Mit dem Aufruf »Für selbstverwaltete Jugendzentren. Setzen wir kollektiv und militant unsere Interessen durch« endet ihre Erklärung zum Anschlag.

In **Hannover**, wurde nach einer im Dezember 1971 erfolgten Besetzung der Arndtstraße von Hunderten Jugendlichen diese zwar schnell geräumt – in einem der bis dahin größten Polizeieinsätze der BRD. Zuvor waren monatelange Forderungen der *Initiativgruppe Jugendzen-*

trum nach einem unabhängigen Jugendzentrum im Nichts verhallt. Doch nur 7 Monate später, im Juni 1972, konnten aufgrund des erzeugten politischen Druckes durch die vorherige Besetzung Räumlichkeiten in der Kornstraße angemietet werden. Das UJZ Kornstraße gilt als eines der ältesten noch existierenden Jugendzentren der BRD.

Der Anmietung von Räumen in der Heeperstraße für das AJZ (*ArbeiterInnen-Jugend-Zentrum*) in **Bielefeld** 1974 ging am 21.4.1973 ebenfalls eine erfolglose Besetzung des HOT (städtisches *Haus der offenen Tür*) in Bielefeld-Brackwede voraus, in deren Zuge es zu Festnahmen von 158 Personen und mehreren Prozessen kam.

In **Dortmund** wurde im November 1973 das *Erich-Dobhardt-Haus* als Jugendzentrum besetzt und nach nur 11 Tagen wieder geräumt. Das Jugendzentrum wurde nach Erich Dobhardt benannt, einem 17-jährigen Jungarbeiter, der aus einer ›Fürsorge‹-Anstalt ausgebrochen und ›in den Verdacht‹ geraten war, an einem Einbruch in ein Radiogeschäft beteiligt gewesen zu sein. Er wurde im Rahmen der Fahndung von der Polizei mit einem Schuss in den Rücken getötet.

Im Herbst 1974 waren 170 selbstverwaltete Jugendzentren der BRD und Westberlin zu einem Treffen in Bielefeld eingeladen, und 1.200 Menschen nahmen an der anschließenden Demonstration teil.

Ein in der Zeitung des Hausbesetzer*innenkollektivs aus Bremen im Jahr 1973 erschienenes Flugblatt fasst exemplarisch für viele zusammen, was die Besetzer*innen wollten:

»Wir haben die Schnauze voll von diesem System.

Wir haben keine Lust mehr, stumpfsinnige und monotone Arbeit für den Profit der Kapitalisten zu machen.

Wir scheißen auf eine Ausbildung, die nur aus Ausbeutung und Unterdrückung besteht.

Wir wollen uns nicht länger in vollgestopfte Straßenbahnen quetschen oder durch stinkende Straßen gehen.

Wir sehen nicht mehr ein, Wuchermieten für beschissene Wohnungen zu zahlen.

Wir wollen endlich gesunde Lebensmittel essen.

Wir wollen endlich Schluß machen mit der besonderen Unterdrückung und Benachteiligung der Frauen, der Kinder oder ausländischen Arbeiter.

Geht mit uns gegen all das an, was euch kaputt macht!

Kommt in unsere Gruppen und arbeitet mit.

Was wir sagen: Schluss jetzt!

Was wir wollen: ALLES«

In **Frankfurt/Main** entwickelte sich zwischen 1970 und 1974 eine breite Besetzungsbewegung gegen Immobilienspekulation, Umstrukturierung, Mieterhöhungen und Häuserzerfall, insbesondere in dem Stadtteil Westend. Die Besetzer*innen der Bockenheimer Landstraße 111 und 113 gaben 1973 in einer Erklärung ihrer Motivation Ausdruck: »Wir werden weiter Häuser besetzen, (...) um dem kapitalistischen System den Kampf anzusagen, daß es ermöglicht, daß leere Häuser leerstehen.«

An die 20 Häuser, unter ihnen das erste vom Migrant*innen besetzte (und sofort geräumte) Haus in der Friesengasse 5 und 7, wurden in dieser Zeit besetzt und Tausende beteiligten sich an zahlreichen Demonstrationen. Oft kam es im Zusammenspiel von Besetzung und Räumung zu größeren Auseinandersetzungen mit der Polizei, wie z.B. in den Fällen des Grüneburgweg 113 (1971) oder des Kettenhofweg 51 (1973). Nach der Räumung der Häuser Bockenheimer Landstraße/Schumannstraße am 21. Februar 1974 kam es bei Demonstrationen mit bis zu 10.000 Menschen zu den bisher heftigsten Straßenschlachten in Frankfurt.

Die Hausbesetzungsbewegung war begleitet von einem breiten organisierten Mietstreik italienischer, kurdischer/türkischer sowie griechischer, spanischer und jugoslawischer Migrant*innen, die unter miesen Wohnverhältnissen (baufällige Abbruchhäuser, schlechte Ausstattung etc.) litten und horrende Mieten nicht mehr zahlen wollten. In der Ulmenstraße 20, einem der ersten Häuser, deren Bewohner*innen 1971 den Mietstreik aktiv betrieben, erklärten die Bewohner*innen öffentlich, »daß sie nur noch 10 Prozent ihres Lohnes für Miete ausgeben werden«. Auf dem Höhepunkt des Mietstreiks Ende 1972, der von Gruppen wie Lotta Continua oder Unione Inquilini (Mieter*innenunion) mitorganisiert wurde, beteiligten sich an die 1.500 Migrant*innen. Der Mietstreik erweiterte die ursprünglich auf die Wohnsituation beschränkte Kritik zu einer Kritik an den generellen Lebensumständen: gegen die Akkordarbeit in der Fabrik, die Wohnheime, das Fehlen von Kindergärten für die Migrant*innenkinder usw. Denn gleichzeitig kam es 1972 zu Streiks von Arbeitsmigrant*innen bei VDM in Frankfurt und Opel in Rüsselsheim. Doch der Staat reagierte mit Kriminalisierung, Repression und Einschüchterung auf den Mietstreik. Immer wieder wurden bestreikte Häuser von der Polizei aufgesucht und die dort lebenden Familien wahllos auf ihren Aufenthaltsstatus hin kontrolliert oder mit dem Verlust der Arbeitsstelle gedroht, falls die Miete nicht komplett bezahlt würde. Nachdem 90% der über 140 Prozesse wegen nicht gezahlter Miete verloren gegangen waren, flaute die Bewegung allmählich ab.

1973 sorgte in Hamburg-Hogenfelde die von Studis, Arbeiter*innen und Schüler*innen und einzelnen Mitgliedern der *Proletarischen Front* (PT) durchgeführte Besetzung der Ekhofstraße 39 für reichlich Wirbel. Die Besetzer*innen wollten dort ein Studenten-, Lehrlings- und Gastarbeiterwohnhaus etablieren und sie beteiligten sich an Protesten gegen Umstrukturierungspläne, die vorsahen, Teile von Hogenfelde abzureißen, die dortigen Bewohner*innen in Neubaugebiete außerhalb der Stadt zu verfrachten, um dann dort Luxuseigentumswohnungen durch die BeWo-Bau (Tochtergesellschaft der Neuen Heimat) errichten zu lassen. Die anfänglich den Besetzer*innen von der Bevölkerung und der umliegenden Nachbar*innenschaft entgegengebrachte Sympathie schwand angesichts einer breiten medialen Hetze (vor allem der Springerpresse) sowie einer zunehmenden Kriminalisierung und ständiger Polizeipräsenz bzw. Personenkontrollen im Kiez. Das Hausprojekt entwickelte eine militante Verteidigungsstrategie mitsamt massiven Barrikaden im Haus, allerdings konnte auch dadurch die Räumung vom 23. Mai 73, nur sechs Wochen nach Beginn der Besetzung, nicht mehr verhindert werden. Die Räumung selbst verlief äußerst martialisch: Hunderte von Polizeibeamt*innen, einschließlich einem Mobilen Einsatzkommando mit Maschinenpistolen im Anschlag, überfielen das Haus, alle 70 Anwesenden wurden gefesselt, verhaftet und gegen 33 Personen ein Ermittlungsverfahren nach § 129 (Unterstützung einer kriminellen Vereinigung) eingeleitet. Das Haus wurde nach der Räumung sofort abgerissen. Einige der Verhafteten wurden zu mehreren Wochen, Monaten oder sogar bis zu einem Jahr Knast verurteilt.

Die zweite Phase

Die zweite Phase von Ende der 1970er/Anfang der 1980er Jahre bis Ende der 80er Jahre war besonders durch die breite »Besetzungs-Bewegung 1980/81« in Westberlin und in der gesamten BRD, den Besetzungswellen in Freiburg sowie dem Konflikt um die Hafenstraße in Hamburg (1987) gekennzeichnet.

Ab Ende der 70er/Anfang der 80er Jahre schufen einerseits massenhafter Leerstand, Verfall von Bausubstanz, Abriss und Spekulation von Häusern sowie das Entstehen und Zusammenwirken verschiedener politischer, sozialer und (sub)kultureller Bewegungen (Punks, Autonome, FrauenLesben, Ökologie-Bewegte, Anti-Akw-Kämpfe, Bewegung gegen die Startbahn West usw.) – kurz: »der Hunger nach einem anderen Leben« – die Bedingungen für die Entwicklung und Explosion einer großen Haus- bzw. Instandbesetzungsbewegung mit eigener Subkultur, alternativer Ökonomie, Kollektivbetrieben und organisierten Widerstandsstrukturen.

An die 400 Häuser, wurden in mehr als 74 Städten in der BRD und Westberlin besetzt.

Allein in **Westberlin**, in der es zeitweise bis zu 170 gleichzeitig besetzte Häuser (und über 220 Besetzungen insgesamt) gab, lebten (Gäste mit eingerechnet) an die 5.000 Personen in den Häusern. Es formierte sich, auch aufgrund einer repressiven Politik durch brutale Polizeieinsätze (wie z.B. bei Straßenschlachten am 12.12.1980 nach einer verhinderten Besetzung), hohen Haftstrafen für die an diesen Auseinandersetzungen Beteiligten oder der Kriminalisierung des gesamten BesetzerInnenrates nach §129 (mit 165 Festnahmen), eine breite Solidarität und Unterstützung. In kurzer Zeit demonstrierten 15.000-30.000 Menschen (20.12.80, 7.2.81 und 25.6.81) und einmal 8.000 Leute (am 12.7.81 durch das Villenviertel Grunewald und an 22 namentlich bekannten Spekulant*innen vorbei) für die Forderungen der Hausbesetzer*innen nach einem Ende der Kriminalisierung, einem Räumungsstopp und einer Lösung für alle Häuser. 62 Hochschullehrer*innen forderten in einem offenen Brief die »Legalisierung von Besetzungen und eine Amnestie« und veranstalten Vorlesungen in den Häusern unter dem Motto »Sommerliche Kopfbesetzungen«. Für die Häuser wurden Patenschaften von Universitätsdozent*innen, gewerkschaftlichen Betriebsgruppen (wie z.B. ÖTV-Betriebsgruppe, Klinikum Westend), Kirchengemeinden, aber auch Künstler*innen, Schriftsteller*innen und Personen des öffentlichen Leben übernommen. Sogar der Verfassungsrichter Martin Hirsch solidarisierte sich und forderte, »daß Häuser enteignet und in genossenschaftliche Gebilde überführt werden sollen«. Eine Gruppe von Gerichtsreferendar*innen leitete in einer Presseerklärung gar das Recht auf Instandbesetzungen aus der Berliner Verfassung (Recht auf Wohnraum) ab.

Völlig überraschend erklärte die FDP-Tiergarten im Dezember 1980, dass »Instandbesetzungen eine konsequente und verständliche Maßnahme der Selbsthilfe« seien, und der Tierschutzverein sprach sich für den Erhalt des besetzten Hauses Pflügerstraße 12 aus, weil in dem alten Baum im Hof seltene Vögel nisteten. Die *taz*, deren Redakteur*innen teils selbst in besetzten Häuser lebten, fungierte als ein wichtiges Sprachrohr, ebenso die Zeitschrift *radikal*, die insbesondere die Nicht-Verhandler*innen-Fraktion repräsentierte.

Das vom 25.8.-16.9.1981 stattfindende TUWAT-Spektakel (Aktionstage für die gesamte Linke, entstanden in Anlehnung an den TUNIX-Kongress von 1978, an dem 30.000 Menschen teilnahmen), organisierte von Hausbesetzer*innen, mobilisierte Hunderte bis Tausende nach Westberlin.

Zahlreiche Aktionen fanden statt, darunter auch welche aus der Kreativabteilung: Das Nobel-Cafe Kranzler am Ku'damm wurde besetzt und 100 Torten wurden an die verdutzten Passant*innen verteilt. Als die Polizei kam, waren alle schon wieder weg. Die geräumten Besetzer*innen der Mittenwalder Straße 45 wiederum fuhren mit einem offenen LKW und einem angehängten Wohnwagen durch die Stadt, um auf ihre Wohnungsnot aufmerksam zu machen.

Nach Räumungen von acht Häusern in Berlin-Schöneberg am 22.9.81, und nachdem sich der damalige Innensenator Heinrich Lummer (CDU) auf der nachfolgenden Pressekonferenz als siegreicher Feldheer in Napoleon-Pose präsentiert hatte, kam es im Anschluss zu heftigen Protesten auf der Straße, in deren Zuge Klaus Jürgen Rattey von Polizeieinheiten vor einen BVG-Bus getrieben wurde, der ihn überfuhr und 40 Meter mitschleifte. Rattey starb am Unfallort Bülowstraße/Ecke Potsdamerstraße. 10.000 Leute auf der Scherben-Demonstration und bis zu 50 Anschläge auf Banken, Polizeiwachen und Wohnungsbauunternehmen in der Nacht waren die Antwort.

Während die Besetzer*innen sich in mehrere Fraktionen u.a. Verhandler*innen und Nichtverhandler*innen (und einige dazwischen) gespalten hatten, versuchte der Senat im Zusammenspiel mit den Wohnungsbaugesellschaften die Taktik des »Teile und Herrsche«, um sie gegeneinander auszuspielen. Trotz noch mehrmaligen Versuchen, eine Gesamtlösung für alle Häuser zu finden, wurden Häuser weiter geräumt, während andere schon Verträge abschlossen. Am Ende wurden an die 100 Häuser legalisiert, der Rest geräumt.

Im **Hamburger** Stadtteil St. Pauli wurden ab 1981 mehrere Häuser in der Hafenstraße , die eigentlich abgerissen werden sollten, stückweise besetzt. Die Häuser, die 1983 durch Einzelmietverträge mit der SAGA für drei Jahre vorübergehend als abgesichert galten, waren in den 80er Jahren ein wichtiger Bestandteil autonomer und anti-imperialistischer Politik und wurden durch einen geschlossenen, auch militanten Widerstand zum Symbol und Bezugspunkt für viele politische Aktivist*innen. Gleichzeitig wurden die Häuser und deren Bewohner*innen massiv kriminalisiert und diffamiert.

Der Chef des Hamburger Verfassungsschutz, Christian Lochte, behauptete in einem Interview in der *taz*, dass Frauen der RAF in die Häuser gezogen seien und sich dort »überhaupt ersteinmal eine Struktur von Gewalt« etablieren würde.

Zu den Schikanen der Stadt gegenüber den Bewohner*innen zählten auch die Sperrung der Energieversorgung durch die HEW (Hamburgische Electricitäts-Werke), die Nichtauszahlung der Sozialhilfe an die in der Hafenstraße gemeldeten Empfänger*innen oder die Strategie der Spaltung durch das Angebot lukrativer Ersatzwohnungen für Einzelne. Eine Räumung nach Auslaufen der Mietverträge 1986, angetrieben von der CDU und den Hardlinern in der SPD, schien so nur eine Frage der Zeit.

Doch die Solidarität mit den Bewohner*innen wurde stetig größer und reichte von Schüler*innen, Studierenden, Kirchengemeinden, Gewerkschaften über die Grauen Panther, Stadtteilzentren, »Nachbarn für die Hafenstraße« und allerlei linken Gruppierungen bis hin zu Prominenten, Künstler*innen und zahlreichen FC-St.Pauli-Fans. Mehrmals demonstrierten Tausende für den Erhalt der Häuser. Im November 1987 spitze sich die Lage immer mehr zu.

Die Bewohner*innen verbarrikadierten sich mit Stacheldraht, Stockwerksperren, mobilisierten und informierten mit einem Pirat*innensender (Radio Hafenstraße), während die Polizei auf den Räumungsbefehl wartete. Nachdem zuerst Barrikaden rund um die Häuser errichtetet und dann später wieder abgebaut worden waren, unterschrieben die Bewohner*innen schließlich doch einen Vertrag für alle Häuser, während der Senat seinerseits auf die Räumung verzichtete. Doch die Konflikte waren damit nicht beendet, die Verträge wurden später wieder gekündigt, und erst 1996 konnte nach jahrelangen Auseinandersetzungen ein Genossenschaftsmodell langfristig die Häuser legalisieren.

Auch in **Freiburg** gab es zwei größere Besetzungswellen, eine Anfang der 80 Jahre, die andere von 1984-1987. Nach der Räumung der 1977 besetzten Häuser Dreisameck im Jahr 1980, demonstrierten 10.000 Leute, und am Ende der Solidaritätswoche wurde der Schwarzwaldhof besetzt. Als am 4. März das besetzte Haus in der Moltkestraße 34 geräumt wurde, kam es heftigen Auseinandersetzungen (»Scherbennacht«). Als ein Tag später die Räumung (mit 71 Festnahmen) des Schwarzwaldhofes folgte, solidarisierten sich 20.000 Menschen und fordern die Rückgabe des Gebäudes. Von 1981 bis 1987 gab es eine Reihe von Besetzungen (AZ, Wilhelmstraße 36, Schloßbergring 9 und 11, Erbprinzenstraße 20, Hildastraße), die jedoch zumeist geräumt wurden. Seit einigen Jahren kommt es wieder vermehrt zu Besetzungen, insbesondere von Wagenplätzen.

In **Düsseldorf** wurden, nach einer Reihe von erfolglosen Besetzungen im Jahr 1980, ab 1981 mehr als 60 Wohnungen mehrerer Häuser in der Kiefernstraße besetzt und später legalisiert. Die Pläne der Stadt, die Wohnhäuser der Kiefernstraße abzureißen, um dort Gewerbe anzusiedeln, konnten gestoppt werden.

In der Straße lebten neben den 130 BesetzerInnen insgesamt an die 750 Personen in 35 Häusern: Migrant*innen aus Ghana, der Türkei, Kurdistan, Griechenland und Marokko sowie Roma, alte Menschen, ehemalige Arbeiter*innen der Klöckner-Werke und deren Angehörige.

Nachdem am 2. August 1986 eine Bewohnerin der Kiefernstraße zusammen mit einer weiteren Person aus Düsseldorf bei einem Treffen mit einem RAF-Mitglied bei Rüsselsheim verhaftet wurde, folgte eine mediale Hetze (Direkter Draht zur RAF-Szene?,) und am 29. Oktober 1986, nach dem RAF-Anschlag auf den Diplomaten Gerold von Braunmühl, eine groß angelegte Durchsuchung unter Beteiligung von 800 Polizist*innen und 15 Bundesanwält*innen. Nach zwei weiteren Festnahmen von Bewohner*innen der Kiefernstraße am 18. Dezember 1987, die später wegen angeblicher Beteiligung an einem Anschlag auf den Luft- und Raumfahrtkonzern Dornier zu langen Haftstrafen verurteilt wurden, hieß es in den Medien erneut: »Kiefernstraße blieb RAF-Nest«.

Weitere bekannte (ehemalige) besetzte, inzwischen geräumte oder legalisierte Häuser sind das Sprengelgelände in **Hannover**, mehrere Häuser im Heusnerviertel in **Bochum**, der Sophienhof in **Kiel**, die Stollwerkfabrik und die Weißhausstraße in **Köln**, das Autonome Kulturzentrum Metzgerstraße in **Hanau** oder die Steffi und Ex-Steffi in **Karlsruhe**.

Die dritte Phase

Die dritte Phase von 1989 bis heute 2012 ist besonders durch die Besetzungsbewegung 1989/90 in der ehemaligen DDR markiert.

Nach der Vereinigung zweier deutscher Staaten bzw. dem Anschluss der DDR an die alte BRD entstand eine neue Besetzer*innen-Bewegung in **Ostberlin** und anderen Städten in den neuen fünf Bundesländern. Der schrittweise Zusammenbruch der DDR führte zu einer rechtlich unsicheren Situation, eine Art Rechtsvakuum entstand, das den Besetzungswilligen die Voraussetzung bot, sich leerstehende Häuser anzueignen. In Ostberlin gab es bereits Mitte, Ende 1989 die ersten Besetzungen – in der Schönhauser Allee 20, der Schreinerstraße 47 oder der Lottum Straße 10 a (Januar 1990). Insgesamt wurden mehr als 130 Häuser besetzt.

Doch mit dem Beschluss des Ostberliner Magistrats vom 24. Juli 1990, keine weiteren Neubesetzungen zuzulassen, nahm die Anzahl der Neu-Besetzungen merklich ab. Obwohl ein Großteil der besetzten Häuser Verträge mit dem Magistrat aus Ostberlin abschließen wollte, wurde darauf nicht eingegangen und die Gespräche im Herbst 1990 vom Magistrat beendet. Nach der Räumung der Häuser in der Pfarrstraße und Corneliusstraße (Lichtenberg) am 12.11.90 versuchte die Polizei am gleichen Abend, auch die Häuser in der Mainzerstraße 2-11 zu räumen, was aber am massiven militanten Widerstand der Bewohner*innen und Unterstützer*innen (am Abend waren bis zu 1.000 Personen vor Ort) scheiterte.

Nachdem am 13.11.90 jegliche Verhandlungsversuche im Sande verlaufen waren, wurden die gebauten Barrikaden noch verstärkt (Ausheben von Gräben mit Baggern). Doch am 14.11.1990 räumten 3.000 Polizeibeamt*innen aus drei Bundesländern mit Hubschraubern, Polizeipanzern, vermummten SEK-Einheiten, Wasserwerfern und schwerem Räumgerät unter Einsatz von CS/CN-Gas, Blendschockgranaten sowie scharfer Munition (ein Querschläger einer abgefeuerten Kugel traf eine Person in den Fuß) nach stundenlangen heftigen Auseinandersetzungen mit den Besetzer*innen und ihren Unterstützer*innen, die sich u.a. mit Steinen, Molotowcocktails und anderen Wurfgeschossen hinter ihren Barrikaden verteidigten, die Häuser und nahmen 417 Personen fest.

Im Zuge der Räumung der Mainzer Straße beschleunigte sich die Einberufung von Runden Tischen in allen Ost-Berliner Bezirken, die nach Verhandlungen mit den meisten Häusern zu deren Legalisierungen führte. Häuser ohne Verträge wurden hingegen geräumt, die letzten sowie einige Wagenburgen unter dem ehemaligen Bundeswehrgeneral und Innensenator Jörg Schönbohm (CDU) zwischen 1996 und 1998. Auch das bis dahin am längsten besetzte Haus ohne Vertrag in Westberlin, die Marchstraße/Einsteinufer (20.3.1989), wurde 1996 nach 7 Jahren geräumt. Insgesamt wurden von den ca. 450-500 von 1971 bis 2012 besetzten Häusern in Berlin circa 200 Häuser legalisiert.

Ähnlich wie in Ost-Berlin entstand auch in **Leipzig** Anfang der 90er Jahre eine breite Bewegung, insbesondere in dem Stadtteil Connewitz, wo allein in der Stöckertstraße 14 Häuser besetzt wurden. Bekannte Projekte sind das Zoro, Villa und Werk II. Ein Teil der Häuser wurde (vorläufig) geduldet oder vertraglich (vorübergehend) abgesichert, Neubesetzungen folgten. Nach heftigen Auseinandersetzungen mit der Polizei um besetzte Räume am 27./28.11.1992 in Connewitz, bei der eine Person von der Polizei angeschossen wurde und gehöriger Sachschaden entstand, wurde vom Oberbürgermeister die »Leipziger Linie« beschlossen, die da lautete, keine weiteren Besetzungen mehr zuzulassen. Häuser, die sich den städtischen Verhandlungsrichtlinien nicht unterwerfen wollten, sowie Neubesetzungen wurden konsequent geräumt (Ernestinen-, Sternwarten- Auerbach-, Fröbel, Weißenfelserstraße). Das galt auch für bereits 1989 besetzte Wohnungen, die nach 6 Jahren Duldung (Sternwartenstraße 39) ihr Ende fanden. Nach einem bundesweiten BesetzerInnenkongress 1995 fanden in Leipzig vom 24.-26. April 1998 die *1. Weltfestspiele* der HausbesetzerInnen mit mehreren Hundert Teilnehmer*innen statt. Ziel war es, möglichst viele Häuser zu besetzen und die »Leipziger Linie« zu durchbrechen.

Rund 120 Häuser wurden besetzt, davon viele Schein- oder Mehrfachbesetzungen, und alle wieder geräumt. Es kam zu 200 Ingewahrsam- und Festnahmen (davon 13 U-Haft); von einem besetzten Haus stürzte ein Person, die ihr Gleichgewicht verloren hatte, tödlich vom Balkon.

In der Alfred Kästner Straße 6 wurde ein besetztes Haus durch Barrikaden auf der Straße und militanten Widerstand aus dem Haus verteidigt und mehre Räumungsversuche der Polizei vereitelt. Erst nach geraumer Zeit und unter Einbeziehung von zwei Wasserwerfern, massivem CS-Gas-Einsatz und Verstärkung gelang die Räumung, die mit 12 Verhaftungen und Anzeigen wegen diverser angeblicher Straftaten (u.a. schwerem Landfriedensbruch) endete. Die »Leipziger Linie« konnte zwar nicht durchbrochen werden, doch die Aktionstage konnten sowohl auf den massiven Leerstand aufmerksam machen als auch eine rekordverdächtige Anzahl von Besetzungen in so kurzer Zeit bewerkstelligen.

Neben Besetzungen in anderen Städten wie Dresden (in der Neustadt), Rostock (JAZ), Weimar (Gerberstraße) etc. avancierte **Potsdam** zur »Hauptstadt« der Hausbesetzer*innen: 35 angeeignete Häuser (bis 1991) bei 120.000 Einwohner*innen bedeutete die höchste Besetzer*innendichte.

Wie in Leipzig wurden auch in Potsdam, wo die erste öffentliche Besetzung am 19.12.1990 in der Dortusstraße 65 erfolgte, ganze Straßenzüge (Gutenbergstraße) besetzt. Nach der Räumung der Gutenbergstraße 105, einem politischen Zentrum, kam es zu heftigen Riots und Konfrontationen mit der Polizei, die äußert brutal agierte. Im Gegensatz zu Ostberlin wurden in Potsdam die meisten Häuser geräumt, trotz jahrelanger Duldung (*Villa Bertini* 1999, *Boumanns* 2000), die wenigsten Häuser konnten legalisiert werden. Doch seit September 2008 gibt es in Potsdam das besetzte Haus *La Datscha* Am Babelsberger Park 15. Es wird als kollektives Wohnzimmer mit Volksküche und

Umsonstladen genutzt, hat einen Gemeinschaftsgarten mit Volleyballplatz und den Havelstrand, eine Werkstatt für Zweiräder und einen Veranstaltungsraum. Und zwei Monate später im November 2008 konnte sich das ehemalige Ausweichobjekt *Wohn- und Kulturprojekt Uhlandstraße 24*, in das 1994 Besetzer*innen geräumter Häuser der Gutenbergstraße gezogen waren, durch Hauskauf selbst legalisieren. Als Ausweichprojekt für die Besetzer*innen der 2001 geräumten Dortusstraße etablierte sich nur ein Jahr später durch einen 66-jährigen Erbbauvertrag die Charlottenstraße 28.

Auch in der Folgezeit, nach dem Abflauen der Besetzungsbewegungen, wurden und werden Häuser und Wagenplätze bundesweit besetzt, geräumt, legalisiert – je nach Ort können die Rahmenbedingungen und Voraussetzungen sehr unterschiedlich sein. Von einer Bewegung oder Massenbesetzungswelle kann aktuell aber keine Rede sein. Das liegt an mehreren Faktoren. Bewegungen sind das Ergebnis breiter politischer Mobilisierungen, dem Bedürfnis vieler nach gesellschaftlichen Veränderungen, und sie sind eingebettet in zeitgeschichtliche Prozesse und Dynamiken. Zudem hat der Staat auf jene Besetzungsbewegungen mit unterschiedlichen Strategien und Repressionsmaßnahmen und Gesetzen reagiert. In Berlin zum Beispiel wurden gemäß der »Berliner Linie« alle besetzten Orte in den letzten 10-12 Jahren bis auf wenige Ausnahmen (New Yorck im Bethanien, Wagenplatz Convoi) konsequent wieder geräumt.

Auch in anderen Städten können sich Besetzungen oft nicht lange halten – der Staat geht restriktiver vor.

Einige Beispiele aus den letzten Jahren dokumentieren die gescheiteren Besetzungen und Räumungen:

Nach nur wenigen Stunden geräumt wurden ein besetztes Haus in der Kasinostraße 55 in **Aachen** am 1. Januar 2012, das Erotic-Art-Museum (30.5.2010), die Julius-Straße 40 (16.10.2010) oder das *Autonome Centrum Altona Bahnhof* in **Hamburg** (23.4.2011), eine ehemalige Grundschule in der Ekkardstraße in **Oldenburg** vom »Kollektiv Leeranstalt« am 5.4.2012, gleich zweimal die Bevernstraße 2 in **Berlin** am 25. März 2012 und am 13. Mai 2012, ein leer stehendes Gebäude in der Deutz-Mülheimer-Straße in **Köln**-Mülheim am 3.3.2012 oder die Naumburger Straße 40 in **Leipzig**-Plagwitz am 21.4.2012. Ebenfalls geräumt im April 2009 nach acht Jahren die besetzte ehemalige Fabrik »Topf und Söhne« in **Erfurt**, die ab 1941 für die Konzentrationslager Auschwitz und Buchenwald Krematorien hergestellt hatte. Unter dem Motto »Hände hoch – Haus her« kämpfen die ehemaligen Nutzer*innen der geräumten Fabrik seitdem für ein selbstverwaltetes Zentrum.

Allerdings lassen sich, neben den erwähnten Fällen aus Berlin, auch in anderen Orten Beispiele finden, in denen Besetzungen geduldet oder die Wohnprojekte schließlich legalisiert wurden:

Dazu zählen u.a. die Besetzungen des Gängeviertels in **Hamburg** vom 22.8.2009, der Gartenstraße 19 in **Freiburg** vom 23.4.2010 und des mit einem Nutzungsvertrag ausgestatteten, aber von Räumung bedrohten Autonomen Zentrums in Köln vom 16.4.2010.

Ebenfalls immer noch besetzt ist das IVI, das Institut für Vergleichende Irrelevanz, ein Gebäude der Universität in **Frankfurt/Main**, das 2003 im Rahmen der Studierendenproteste entstanden ist.

Das Libertäre Zentrum in **Magdeburg** erhielt 2010 Verträge – nach einem erfolglosen Besetzungsversuch ein Jahr zuvor. Der 2010 besetzte Wagenplatz Zomia in **Hamburg**-

Wilhemsburg musste jedoch auf einen anderen Platz ausweichen und verhandelt nun um eine längere Nutzung.

Eine weiteres positives Beispiel für die bisherige Duldung von Besetzungen sind die Senior*innen aus **Berlin-Pankow**. Am 29. Juni 2012 besetzten ca. 40 Nutzer*innen der *Seniorenbegegnungsstätte* in der Stillen Straße 10 ihre Einrichtung und hängten Transparente und Plakate heraus (»Dieses Haus ist besetzt« und »Wir bleiben alle«). Die *Seniorenbegegnungsstätte* sollte am 30.6.2012 geschlossen, dann verkauft oder verpachtet werden. Insgesamt verkehren dort 29 unterschiedliche Gruppen mit an die 340 Senior*innen im Alter von 65 bis 96 Jahren. Der Bezirk Pankow, der die jährlichen 52.000 Euro für die laufenden Kosten der Begegnungsstätte nicht mehr aufbringen will, hatte die Kündigung ausgesprochen und bisher keinen adäquaten Ersatz finden können. Die Solidarität mit den Besetzenden ist riesig, die mediale Präsenz enorm, doch bisher stellen sich die Politiker*innen stur. Nach ca. 3 Wochen wurde den Senior*innen der Telefonanschluss gekappt und Ihnen lediglich mitgeteilt, sie hielten sich illegal im Hause auf und »Seniorenfreizeitstätten seien ohnehin ein Auslaufmodell«, so Sozialstadträtin Lioba Zürn-Kasztantowicz (SPD). Auch wenn die Senior*innen »weiterhin zu substanziellen Gesprächen bereit« sind, sind sie »jedoch nicht zu einem Verlassen des Hauses ohne befriedigende Lösung bereit«, erklären sie in einer Presseerklärung. Eine der Besetzer*innen äußerte sich zu den bisher gemachten Erfahrungen und ihren Zielen in einem Zeitungsinterview:

»Das wichtigste ist, zusammenzubleiben – hier oder woanders. (...) Wir hatten den Eindruck, dass man uns schon ein bisschen für senil hielt. Wir sind zwar schon älter – aber die Omas von vor 30 Jahren, die auf der Ofenbank sitzen und Socken für die Enkel stricken, sind wir nicht.

Eigentlich stehen wir noch mitten im Leben. Und die Solidarität, die wir in ganz Deutschland erfahren haben, gibt uns Recht. Vielleicht machen andere Senioren das nach. (...) Gerade auch von junge Leuten werden wir reichlich unterstützt – was wir gar nicht erwartet haben. Bisher haben wir immer alle über einen Kamm geschoren und gesagt: Diese Jugendlichen sind nicht zu gebrauchen. (...) Und das ist für uns auch neu, dass wir sagen: Wir müssen über unseren Tellerrand gucken. Bisher haben wir im eigenen Saft geschmort.« (taz-Berlin vom 9.7.2012)

Besonders aktiv waren und sind die Besetzer*innen auch in **Freiburg**, wo eine Reihe von Wagenplätzen und Häusern okkupiert wurden, wie das später geräumte ehemalige Kasernengelände Vauban oder das Wohnprojekt Susi und der Wagenplatz, die wie viele andere besetzten Orte legalisiert wurden. Das Autonome Zentrum KTS wurde hingegen nach der Räumung des Vauban-Geländes an einen anderen Ort verpflanzt und existiert noch immer.

All diese Beispiele verdeutlichen, dass Besetzungen in großer Anzahl stattfinden, das Bedürfnis nach selbstverwalteten Strukturen vorhanden ist, sie zeigen aber auch, wie schwierig es ist, solche Besetzungen längerfristig zu halten oder zu legalisieren. Ein Aufruf zu einer Freiraum-Demonstration am 28. April 2012 in Freiburg bringt dies zum Ausdruck: »Rastatt, Reutlingen, Schopfheim, Frankfurt, Freiburg, Köln... Die Liste der Städte mit bedrohten selbstverwalteten Räumen und linken Jugendzentren im Südwesten ist lang und die Formen der Angriffe sind vielfältig. Zahlreiche solcher Räume wurden in den letzten Jahren zerstört, oft ohne dass Ersatz gefunden oder zugelassen wurde. Dennoch entstehen weiterhin neue Autonome Räume, die sich der Verwertungslogik von Staat und Kapital entgegenstellen.«

In vielen Orten bieten selbstverwaltete Jugendzentren/autonome Zentren oft die einzige Möglichkeit, sich zu treffen, auszutauschen und den politischen Alltag zu bestimmen. Fallen diese Orte weg, bringt das weit größere Konsequenzen mit sich, als etwa in Orten wie Berlin, Hamburg oder Leipzig, wo eine ganze Fülle von Treffpunkten einer stadtumgreifenden Infrastruktur existiert.

Exemplarisch sei hier das Beispiel des autonomen Jugendzentrums A.L.G.E in **Oschersleben**, einer kleinen rechtsdominierten Provinzstadt in der Börde mit ca. 13.000 Einwohner*innen genannt.

Durch Anmietung entstand dort im Jahr 2000 eine täglich geöffnete Anlaufstelle, »in der sich alternative Jugendliche vor faschistischen, homophoben und sexistischer Diskriminierung sicher fühlen konnten«. Seit 2008 gab es verstärkt Naziaktivitäten bis hin zu Angriffen gegen das ALGE, ab 2009 wurden von der BEWOS, einer kommunalen Wohnungsbaugesellschaft die ersten Kündigungen ausgesprochen, und im Oktober 2010 erfolgte die Räumung, unmittelbar danach der Abriss. Inzwischen kaufte der Trink- und Abwasserverband Börde (TAV) das Grundstück.

Ebenfalls in ihrer Existenz bedroht, ist das Hausprojekt B 16 in **Celle** und das seit (1968) existierende selbstverwaltete Jugend- und Kulturzentrum »Kulturschock Zelle« aus **Reutlingen**, das durch eine 2011 erlassene Verfügung des Ordnungsamtes Reutlingen gezwungen werden soll, eine Gaststättenkonzession zu beantragen. Aus ihrer Sicht wäre das jedoch das Ende des Kulturzentrums – so demonstrierten 500 Personen am 26. Mai 2012 in Reutlingen auf einer Freiraum-Demo für das autonome Kulturzentrum (»Selbstbestimmung bleibt das Ziel«). Auch dem ZAKK

(Zentrum für ambulante Kultur und Kommunikation) in **Passau**, dem einzigen alternativen, selbstverwalteten und unabhängigen Kulturzentrum in Passau und Umgebung wurde der Mietvertrag gekündigt.

Das 1999 als Gegenentwurf zum provinziellen, konservativen bis braunen Passau und Niederbayern gegründete ZAKK bietet außerdem einen Ort für die Flüchtlinge aus aller Welt, die in Lagern in der Region Passau ihr menschenunwürdiges Dasein fristen müssen. Das Bündnis für die Rechte der Flüchtlinge organisiert dort Veranstaltungen und Aktionen für und von Flüchtlingen.

4. Wer besetzt die Häuser ?

Die Zusammensetzung der Besetzer*innen ist so unterschiedlich wie zuweilen deren politische Ziele – auch wenn sie sich bis auf wenige Ausnahmen auf linke, emanzipatorische, anti-autoritäre Ideen und Vorstellungen beziehen. Gerade in der Vielfalt der Zusammensetzung sehen viele, trotz aller Unterschiede und Konflikte, die Stärke der Häuserbewegung.

Zu den Besetzer*innen, die vorwiegend weiß und mit deutschen Pass ausgestattet sind, zählen unter anderem Studierende, (proletarische) Jugendliche, Lehrlinge, Schüler*innen, Trebegänger*innen, Drop-Outs, Hippies, Spontis, Autonome, Anti-Imperialist*innen, Punks, Anarchist*innen, autonome Frauen Lesben, Radical Queers und Transpersonen, Schwule/Tunten, Ökologie-Bewegte, Antifas, People of Color, Migrant*innen, Inter- und Transnationalist*innen, Flüchtlinge, Sympathisant*innen von linken Parteien, Kommunard*innen bis hin zu Rocker*innen, Künstler*innen und kreativen Kulturschaffenden.

Zu unterschiedlichen Zeiten und analog zu den jeweiligen politischen Bewegungen und Strömungen, eingebettet in historische Ereignisse und Prozesse ergaben sich dabei zuweilen auch ganz verschiedene Konstellationen von Besetzenden:

Arbeiter*innen & Schüler*innen

Im Dezember 1971 besetzten 600 Leute das *Georg von Rauchhaus* in Berlin-Kreuzberg 36, und Jungarbeiter*innen, Schüler*innen, Trebegänger*innen und Lehrlinge zogen dort mit Unterstützung der BHL (*Basisgruppe für Heim und Lehrlingsarbeit*) ein. Für ein Jahr gab es dort eine Lehrlingsetage und eine Trebeetage. Im Haus fand die Selbstorganisierung von jugendlichen Arbeiter*innen statt:

Während ein Infodienst die Schüler*innen und Arbeitenden morgens weckte, sammelte ein Wirtschaftsausschuss (4-5 Leute) anfangs bis zu 200 DM pro Monat (später gestaffelt) für Reinigung und Essen von den Arbeiter*innen und weniger von den Lehrlingen ein, während die Schüler*innen Schulgeld aus der gemeinsamen Kasse beziehen konnten. Gemeinsames Frühstück in der Großküche zwischen 6 Uhr und 7 Uhr wurde von dem Küchendienst besorgt. Bis zu 50 Personen lebten im Haus, wobei sie »darauf schauten, daß keine Student*innen und möglichst wenig Gymnasiast*innen bei ihnen wohnten«, um privilegierte Positionen zu verhindern. Phasenweise arbeiteten bis zu 10 Leute in einem Großbetrieb (AEG), die auch die Meinung vertraten, verändern könne man nur etwas, wenn man auch in Kontakt zu den Malocher*innen in der Fabrik sei, um dort zu diskutieren und politische Überzeugungsarbeit zu leisten. Ihr Klassenstandpunkt fand Ausdruck in ihrem »Versuch einer Bilanz«, veröffentlicht 1977, in dem sie erklärten:

»Da die Kollegen in den Betrieben es sind, die von den Krisen dieser Gesellschaft am härtesten betroffen werden, wollen wir mit ihnen über unsere Erfahrungen – nämlich, daß es möglich ist, auch ohne Bosse zu leben – diskutieren«.

Eine dieser Diskussionen am Arbeitsplatz dokumentierten sie wie folgt:

»Irgendwann vor der Mittagspause:

Kollege: Scheiße, noch vier Stunden bis Feierabend! Wird Zeit, daß der 4-Stundentag eingeführt wird.

Ich: Wart mal ab, kommt noch alles.

Kollege: Na das erleben wir beide aber nicht mehr, Junge.

Ich: Wieso soll das nicht gehen ?

Kollege: Na mal angenommen, du wärst hier bei uns an der Macht. Würdest gleich den 4-Stundentag einführen, wa?

Ich: Ja, alleine kann ich nichts ausrichten, aber mal angenommen, wir alle wären dran, dann würden wir vielleicht noch nicht einmal 4 Stunden am Tag ackern.

Kollege (lacht): Erzähl mir mal, wie du das machen willst, vielleicht wähl ich dich dann.

Ich: Als erstes mal muß jeder richtig ackern, so wie du und ich.

Kollege: Klar die ganzen Gammler ...

Ich: Na ja vor allem die, die in ihren Ledersesseln rumgammeln mit ner dicken Zigarre im Maul. Und olle Kutte (unser Meister) wird's auch nicht schaden, mal ein bißchen ranzuklotzen.

Kollege: Na nu paß mal auf, Junge! Wenn du die ganzen Unternehmer abschaffst und die Meister, wer soll dann die ganze Arbeit organisieren ...

Ich: ... und vor allem, wer soll das viele Geld kassieren ...

Kollege: Nee, mal im Ernst: Wer soll dann das machen ?

Ich: Na, du zum Beispiel!

Kollege: Icke! Wo ich doch so viele Ahnung hab.

Ich: Das werden wir alle noch lernen müssen, unsere Arbeit selber zu organisieren.

Kollege: Da hab ich doch gar nicht die Zeit zu!

Ich: Na, wenn du nur noch 4 Stunden malochst ...«
(Rauchhausbuch 1, »Kämpfen, Lernen, Leben«)

Die Bewohner*innen arbeiteten oder machten Lehren als Werkzeugmacher*innen, Maschinenschlosser*innen, Schweißer*innen, Maurer*innen, Bankangestellte usw.

Der zum Teil im Haus existierende Druck, ackern zu gehen, eine Ausbildung zu machen oder zur Schule zu gehen, führte in einigen Fällen auch zu Rausschmissen, »weil er (der Rausschmiss) das einzige Druckmittel ist, mit dem das Kollektiv jeden ganz gleich ob er/sie nun Schüler(in), Lehrling oder Arbeiter(in) ist – zur Einhaltung unserer »Hausregeln« zwingen kann – falls unsere Überzeugungskraft nicht mehr ausreicht.« (aus einem Bericht des Rauchhaus-Kollektivs).

Um diese Positionen wurde kontrovers gestritten, die Meinungen waren oft sehr unterschiedlich und Standpunkte haben sich im Laufe der Jahre – auch fluktuationsbedingt – verändert und ausdifferenziert. Die Bewohner*innen haben in den ersten 6 Jahren zwei Bücher über ihre Erfahrungen, Kämpfe und Lebensentwürfe geschrieben (*»Kämpfen, Lernen, Leben«* und *»6 Jahre Selbstorganisation«*). Das Haus ist mittlerweile legalisiert, und vor Kurzem (2011) feierten sie ihren 40. Geburtstag – die Positionen zu Arbeit, Studierenden sind heute nicht mehr die gleichen.

FrauenLesben- und LesbenSchwulen-Bewegung

Durch den Einfluss der sich ab 1968 entwickelten FrauenLesben- und LesbenSchwulen-Bewegung, die in ihrer Konsequenz das generelle Politikverständnis erweiterten und das Patriarchat als Herrschaftsform vom Nebenwiderspruch zu einem Hauptwiderspruch kennzeichneten, entstanden und entstehen eigenständige und autonome Strukturen, die Frauenräume, Frauenzentren und Häuser besetz(t)en.

Vorausgegangen waren ständige Auseinandersetzungen und Diskussionen in den gemischten Häusern, Wagenplätzen und Sozialen Zentren um Geschlechterbeziehungen, die Reproduktionsarbeit, das Rollenverständnis und Gewaltverhältnisse. Dabei entzündeten sich die Debatten oft an sexualisierter Gewalt, vor allem bei Vergewaltigungen, nach denen es oft zu einem Ausschluss des Vergewaltigers aus den Zusammenhängen kam bzw. dieses eingefordert wurde. Die Atmosphäre und Strukturen vieler Häuserplena und Besetzer*innenräte waren geprägt vom Dominanz- und Konkurrenzverhalten der Männer. Ein Bericht der AG »Frauen im Häuserkampf« von einem Hausbesetzer*innentreffen im Frühjahr 1981 in Münster, hatte prägnant zusammengefasst: »Strukturelle patriarchale Gewalt hat viele Gesichter und präsentiert sich mal subtiler, mal massiver in facettenreicher Gestalt und Ausformung.« Frauen berichteten davon, nicht Ernst genommen zu werden, zudem von Unverständnis, Misstrauen, Ablehnung, Beleidigungen und Beschimpfungen (»Männerhasser«, »krampfige Feministinnen«) bis hin zu verbaler Anmache, Grenzüberschreitungen, sexualisierter Gewalt und Vergewaltigung. Eine Konsequenz der formulierten Kritik an patriarchalen Verhältnissen in Häuserstrukturen, die sich auch als starke Abwehr der männlichen Genossen gegen selbstbestimmte Frauenstrukturen offenbarte, war und ist demzufolge die eigenständige Organisierung und die Schaffung/ Besetzung von FrauenLesbenräumen. Eine der ersten Besetzungen von Frauen erfolgte 1973 in der Freiherr-vom-Stein-Straße 18 in Frankfurt/Main. Ziel war es, einen Ort zu schaffen, an dem ausschließlich Frauen zusammen leben und kämpfen würden. 1974 besetzten 50 Frauen die Plöck 48 in Heidelberg, um dort ein Frauenzentrum zu errichten. Beide Orte wurden schnell geräumt.

In den 80er Jahren folgten im Zuge der großen Besetzungswellen eine ganze Reihe von besetzten Häusern durch FrauenLesben und Schwule/Tunten.

In der am 5.1.1981 besetzten Liegnitzerstraße 5 (das *Hexenhaus*) in Berlin-Kreuzberg zog das *Frauengesundheitszentrum* (FFGZ) ein, in der Danckelmann Straße 15 in Berlin-Charlottenburg das *Frauen Forschungs- Bildungs- und Informations-Zentrum* (FFBIZ).

Das Sex-Arbeiterinnen-Projekt *Hydra* und eine freie Kindertagesstätte sowie eine Versorgung für die Kinder von Sexarbeiterinnen existierte in der im April 1981 besetzten Potsdamer Straße 139, während am 18.2.1981 das Haus in der Kottbusser Straße 8 von 7 türkischen Frauen, einer deutschen Frau und 5 Kindern mit Hilfe des *Treff- und Informationsortes für türkische Frauen* (TIO) besetzt wurde.

Besetzte Häuser von FrauenLesben gab es auch in Gießen (Alicenstraße 18), Bielefeld (Jöllenbeckerstraße/ Große Kurfürstenstarße), Hamburg (St.Pauli-Hafenstraße 1987-93), Freiburg (Schloßbergring 1985-87), Hannover (Dreyerstraße), Bremen (Buntentor) etc..

Der erste Wagenplatz von Frauen entstand 1984 neben dem *Georg von Rauchhaus* in Berlin-Kreuzberg. Auch 2012 existieren noch einige, inzwischen legalisierte Projekte, so z.B. der queere Wagenplatz *Schwarzer Kanal* in Berlin-Treptow oder das queer-anarcha-feministische Hausprojekt Liebigstraße 34 in Berlin-Friedrichshain. Beide Projekte spielen eine wichtige Rolle sowohl in der Häuser/Wagenplatzbewegung als auch in der autonomen Queer/Trans-Szene. Sie veranstalten die *Queer and Rebel-Days*, sind Teil größerer Mobilisierungen wie dem *Transgenialen CSD*, dem queeren Filmfestival *Entzaubert*, der Organisierung des *Queer-Barrios* auf dem *Reddelich-Camp* gegen den G-8 -Gipfel in Heiligendamm 2007 und bieten eine Vielzahl queerer Aktivitäten an.

Schwule/Tunten besetzten Häuser in Bremen 1981, in Berlin in der Bülowstraße 55 (1981-83), der Mainzerstraße 4 (von Mai bis November 1990), und aktuell erfreut sich Berlin an dem Tuntenhaus in der Kastanienallee 85.

Die Besetzungen von Lesben/Schwulen, Queers und Transpersonen, ihre Sichtbarkeit, Wahrnehmung und Politik führte innerhalb der Häuserbewegung (zum Teil) zu einer vermehrten Infragestellung festgefügter Geschlechternormen und Kritik an heteronormativen, zwangsheterosexuellen Vorstellungen, Strukturen und Beziehungsgeflechten.

Des Weiteren kam es auch zu Besetzungen für die Errichtung von Frauenhäusern für misshandelte Frauen oder zur Wohnraumbeschaffung für obdachlose Frauen und Kinder – wie im Fall der schnell geräumten Besetzung eines leer stehenden Hauses in Berlin-Zehlendorf 1993.

Diskussionen um sexistische und homophobe Strukturen wurden und werden im Laufe der Zeit immer wieder von Neuem geführt. Einige fordern – nach mehr als 40 Jahren FrauenLesben/Schwulen/Queer-Bewegung – wieder mehr »anti-sexistische Standards« in Häuser- und autonomen Strukturen.

Die Initiative Hausprojekt in Wien oder das 2010 besetzte Autonome Zentrum (AZ) in Köln haben anti-sexistische Guidelines für Bewohner*innen und Besucher*innen entwickelt, andere Projekte verteilen Flugblätter auf Partys, in denen u.a. erklärt wird, dass »sexistisches, trans- und homophobes Verhalten nicht geduldet wird« (»Wir wünschen uns eine Party, auf der sich jede*r wohlfühlen kann!!!«)

Punks

Die gegen Ende der 70er Jahre entstandene, ursprünglich aus Großbritannien kommende Punkbewegung war/ist auch in den besetzten Häuser und sozialen/politischen Zentren sichtbar und hatte/hat dort ihre Orte für Konzerte und Wohnkollektive. So z.B. in der Hafenstraße in Hamburg, im Conne Island in Leipzig, in der Köpi in Berlin, in der Au in Frankfurt/Main usw.

So gab es bereits zu Beginn der Punkbewegung in Westberlin Anfang der 80er Jahre neben Auftrittsorten für Bands im *Stonz* in der Goltzstraße 30 oder im *Crash* in der Dankelmannstraße 44 Häuser, die ausschließlich von Punks besetzt waren wie in der Görlitzerstraße 37 oder zum großen Teil wie in der Winterfeldtstraße 31. In unzähligen Städten war und ist Punk/Hardcore, der sich allerdings in seinen Erscheinungsformen und Lebensweisen sehr unterschiedlich ausdrückt, ein wichtiger Bestandteil der politischen Subkultur besetzter Häuser oder autonomer (Jugend-)Zentren.

Der anti-autoritäre Gestus war einer der wesentlichen Merkmale der Besetzer*innenszene, von der sich einige als Anarchist*innen bezeichnen würden. Ein thesenhaftes anarchistisches Pamphlet unter dem Titel »Anarchie als Minimalforderung« aus der Zeitung *radikal* (»Lieber explosives Chaos als kontrollierte Hochspannung«) von August 1981 fand entsprechend die Zustimmung eines großen Teils der Hausbesetzer*innenbewegung:

»Wir kämpfen für uns und führen keine Stellvertreterkriege, alles läuft über eigene Teilnahme, Politik der ersten Person. Wir kämpfen nicht für Ideologien, nicht fürs Proletariat, nicht fürs Volk, sondern für ein selbstbestimmtes Leben in allen Bereichen, wohl wissend, daß wir nur frei sein können, wenn alle anderen auch frei sind. Volle regionale, kulturelle und individuelle Autonomie für alle (...)

Wir haben ein ›diffusen‹ Anarchismus im Kopf, sind aber keine traditionellen Anarchisten. Die Begriffe Marxismus, Sozialismus, Kommunismus beinhalten für uns nach all ihren Theorien und Praktiken den Staat und können somit von uns, auch als ›Zwischenstufe‹ nicht akzeptiert werden. (...) Auch mit dem Begriff des Anti-Imperialismus, so wie er vertreten wird, können wir uns nicht identifizieren, da er bei der Forderung nach nationaler Unabhängigkeit stehenbleibt und somit den Staat in keinster Weise in Frage stellt. (...) Keine Macht für niemand (...)

Wir haben keine Organisation an sich, unsere Organisationsformen sind alle mehr oder weniger spontan. Besetzerrat, Telephonkette, Autonomen-Plenum und viele, viele kleine Gruppen, die sich entweder kurzfristig zusammensetzen, um irgendwelche Actions zu machen, oder langfristige Gruppen, die Sachen wie Zeitungen, Radios oder irgendwelche illegale Actions machen. Es gibt keinerlei festeren Strukturen wie Parteien, etc., auch keinerlei anerkannte Hierarchie. Die Bewegung hat z.B. bis heute noch keinen einzigen Exponenten hervorgebracht, wie z.B. Dutschke, Cohn-Bendit, Negri etc. ...«

Student*innen

Eine weitere Gruppe von Besetzer*innen kommt aus studentischen Kreisen.

Neben der Beteiligung an den städtischen Hausbesetzungsbewegungen haben die Studierenden auch eigene Besetzungen durchgeführt. Institute und Gebäude der Universitäten wurden während Streiks und politischen Kämpfen meist im Zusammenhang mit studentischen

Forderungen vorübergehend besetzt gehalten. Einige Besetzungen hielten auch länger. Die *Oubs* wurde von Studierenden der Humboldtuniversität zu Berlin als *Offene Uni Berlin* während des Studistreiks 2003/2004 besetzt und erst nach sechs Jahren, am 6. Oktober 2010, geräumt.

Das IVI, das *Institut für Vergleichende Irrelevanz*, besetzte 2003 im Rahmen der Studiproteste ein leer stehendes Unigebäude (ehemals Anglistik/Amerikanistik Institut) in Frankfurt/Main, im Kettenhofweg 130. Die Besetzung richtete sich sowohl gegen die Umstrukturierungsmaßnahmen der Universität als auch die Kürzungen im Sozialbereich und die Marginalisierung verschiedener gesellschaftlicher Gruppen. Das IVI forderte in ihrer Besetzungserklärung eine soziale Sicherung aller ohne verachtenden Arbeitszwang, eine freie Selbstbildung für alle und eine kritische, nicht marktgängige Wissenschaft.

Es wurde in den vergangenen Jahren zu einem Ort, an welchem Wissenschaftler*innen, Bands, Künstler*innen und andere Engagierte Theorie, Praxis und Party leb(t)en und ihren alternativen Gesellschaftsentwurf zu verwirklichen such(t)en. Das aktuell von Räumung bedrohte IVI sieht es als unumgänglich an, »dass, unter der immer stärker zunehmenden sozialen Ausgrenzung, Umstrukturierung ganzer Stadtteile sowie des universitären Betriebes, kritisches Denken Zeit und Raum braucht und sich nimmt, um diesen Entwicklungen entschieden entgegenzutreten«.

Rocker*innen

Zu der Vielfalt der Besetzenden zählt auch eine nicht gerade unumstrittene Gruppe von Rocker*innen, der Motorradclub Phönix. Sie besetzten 1981 in Westberlin die Waldemarstraße 41, installierten dort ihr Clubhaus und wurden von der bereits existierenden Häuser-Infrastruktur (z.B.

Bauhof) mit Material und Sonstigem unterstützt. Anfangs beteiligten sie sich noch im gemeinsamen *BesetzerInnenrat* und gehörten zur Fraktion der Nichtverhandler*innen – später scherten sie aus und schlossen Verträge mit dem Sozialpädagogischen Institut der Arbeiterwohlfahrt (SPI). 1990 schloss sich der MC Phönix den Hells Angels an und gründeten das erste Charter (Ortsgruppe) in Berlin (HAMC).

5. Organisation und Strukturen

Die Bewohner*innen der Häuser trafen und treffen Entscheidungen zumeist nach dem Prinzip des Konsens auf Hausplenen oder Vollversammlungen. Mehrere Häuser vernetzten sich zudem untereinander in Stadtteilräten oder in Gesamtbesetzer*innen-Räten. In Frankfurt/Main gründete sich Anfang der 70er Jahre der *Häuserrat*, in Westberlin 1980 der *Besetzerrat*, in Ostberlin 1990 der *BesetzerInnen-Rat*, in Köln gab es den Häuserrat und in Leipzig in den 90er Jahren den *BesetzerInnen-Rat* bzw. *BewohnerInnen-Rat* sowie 2008/2009 in Berlin die Kampagne *United We Stay* von Räumung bedrohter, legalisierter (ex-besetzter) Hausprojekte.

Darüber hinaus organisieren besetzte Häuser und von Räumung bedrohte Projekte größere überregionale Treffen, Kongresse, Konferenzen zum Austausch von Informationen und zur Organisierung und Koordinierung ihres gemeinsamen Widerstandes. Zu den zahlreichen Treffen zählen der bundesweite *HausbesetzerInnen-Kongress* in Münster (1981), ein *Hausbesetzerinnentreffen* in Berlin (1981), die *Internationalen Häusertage* in Hamburg (1990), der *BesetzerInnenkongreß* (1995) oder die *1. Weltfestspiele der*

HausbesetzerInnen (1998) in Leipzig, das *Intersquat Festival* in Berlin (2010) usw.

Beispielhafte Themen waren, wie das Programm der Internationalen Häusertage 1990 in Hamburg zeigt: Verschärfung der Repression gegen die Zentren des Widerstandes auf europäischer Ebene aufgrund der TREVI-Beschlüsse im Rahmen des Schengener Abkommens, Umstrukturierung sozialer Brennpunkte, Innenstadtvertreibung, Yuppisierung, Kapitalverwertungsinteressen (Luxusmodernisierung) und Befriedungspläne der Sozialstrategen.

Zudem entstanden in vielen Städten Gruppen, die den Erhalt ihrer besetzten oder legalisierten und selbstverwalteten Projekte mit einer Politik gegen Gentrifizierung/Umstrukturierung, steigende Mieten und Verdrängung verbanden und Kampagnen und Freiraumaktionstage organisierten wie etwa die *WBA-(Wir bleiben alle)-Kampagne* Anfang der 90er Jahre und das neugegründete *WBA-Bündnis* (das 2008/2009 Action-Days/Weeks durchführte) in Berlin, zudem das *Recht-auf-Stadt-Bündnis* in Hamburg und die Freiraumkampagne *Plätze.Häuser.Alles* in Freiburg.

Die Häuserbewegung schuf sich auch ihre eigenen Medien von Zeitungen über Flugschriften, Bücher bis hin zu Radios und Webseiten. So erschienen u.a. die *Häuserratszeitung* in Frankfurt/Main von 1973-1974, in über 30 Ausgaben die *(Instand)-Besetzerpost* (1981-1982) mit einer Auflage von 2.000-8.000 Exemplaren, oder in 50 Ausgaben die *BesetzerInnen-Zeitung* in Ost-Berlin (1990-1993), in vier Ausgaben die *na warte!, die Häuserzeitung Münster* (1990-1991) sowie diverse Publikationen einzelner Häuser und Zentren. Ansonsten wurden und werden regionale wie überregionale Zeitschriften aus dem linksradikalen, autonomen, anarchistischen Spektrum (*radikal, Interim, Wir wollen alles, Bambule, Unzertrennlich, Swing, Sabot, Zeck,*

Klarofix, autonomes Blättchen etc.) als Plattform für Kommunikation, Informationen und Diskussionen genutzt.

Während der Pirat*innensender *Radio Dreyeckland* (1988 legalisiert) in den 80er Jahren den Häuserkampf in Freiburg unterstützte, in West-Berlin 80/81 gleich mehrere Sender existierten (u.a. *Radio Schwarze Ratte*), sendete im Herbst 1987 für mehrere Wochen der Pirat*innensender *Radio Hafenstraße* von den Dächern der umkämpfen Häuser und 2008/2009 unterstützten verschiedene Pirat*innensender die WBA-Action Days/Weeks in Berlin.

Seit 1990 existiert in Berlin auch das regelmäßig erscheinende Videomagazin (jetzt auch digital) *AK KRAAK* im »family-TV-Format«, um von Hausbesetzungen und anderen »unglaublichen Gegenströmungen, von wilden, verborgenen Strudeln im herrschend-erlogenen Einerlei« Nachricht zu verkünden.

Zu den inzwischen zahlreichen Webseiten im Zusammenhang mit Gentrifizierung und Häuser/Wagenplätzen zählen u.a. squat.net, nadir.org, de.indymedia und indymedia linksunten, rechtaufstadt.net, wba.blogsport (Berlin), annefreiburg.blogsport.de und viele mehr.

6. Hausbesetzungen und Kollektivbetriebe

von Willi Schwarz, RGW Beratungsbüro Berlin

Nicht ganz so einfach …

wenn wir mal ausschließlich West-Berlin als Ausgangspunkt für die folgende Betrachtung nehmen.

Die Verbindungen zwischen Kollektivbetrieben und dem Häuserkampf ergaben Ende der 70er bis in die frühen 80er kein sehr eindeutiges Bild.

Einerseits …

gab es damals Besetzungen, die von Anfang an nicht nur die Aneignung von leer stehendem Wohnraum, sondern auch von ungenutzten Gewerberäumen für kollektive Gemeinschaftsunternehmen zum Ziel hatten. Manchmal stolperten die Besetzer_innen in dem eroberten Häusern auch zufällig über einen ungenutzten Laden, eine ehemalige Werkstatt oder einen brauchbaren Lagerraum, was die Fantasie zum kollektiven Arbeiten beflügelte.

Einige Beispiele: die Regenbogenfabrik in der Lausitzer Straße in dem Bezirk Kreuzberg wurde zu einem Sammelpunkt für handwerkliche, kulturelle und soziale Projektgruppen und kann als die Wiege für stadtteilnahe ›Hilfe zur Selbsthilfe‹ gelten: die Fabrikgemäuer beherbergten erst ein Dampfsägewerk, dann eine Chemiefabrik und ab 1980 den selbstverwalteter Gemischtwarenladen u.a. mit Fahrrad- und Holzwerkstatt sowie Café- und Kneipenbetrieb und das Regenbogenkino. Neben einigen Wohnmöglichkeiten stand hier eindeutig kollektives Wirtschaften im Mittelpunkt der Besetzung, und das in großer Breite bis heute.

Auch die Belebung der ufa-Fabrik Berlin (1979) im Bezirk Tempelhof wurde von den damaligen Besetzer_innen bewusst als ›In b e t r i e b nahme‹ der ehemaligen Filmstudios bezeichnet.

In den vielen leer stehenden Hallen, Schuppen, Häusern und Sälen der ehemaligen Kino-Traumfabrik UfA wurden nun ausschließlich Stoffe alternativer Alltagsträume produziert und tatkräftig in die Realität entlassen. Das dortige Zusammenleben und -wohnen in einer Kommune und der Aufbau von Arbeitsprojekten war von Anfang an ein untrennbarer Prozess: angefangen von Musik- und Theaterveranstaltungen, über fliegende Jonglierbälle im Zirkus, ökologisch korrekte Bio-Brote und Café-Betrieb (mit dem revolutionärem Kaffee aus Nicaragua, der ›Sandino Dröhnung‹), bis hin zum heutigen multifunktionalen und internationalen ›Kulturcentrum‹.

Ein weiteres Beispiel darf nicht fehlen: das Kerngehäuse. Auch im alten Kreuzberg SO36 gelegen, ein klotziger Fabrikkomplex aus den Gründerjahren. Er beherbergt seit seiner Besetzung und dem späteren Kauf etliche Einzel- und WG-Wohnungen und bot aber gleichzeitig Platz für umfangreiches gewerbliches und künstlerisches Tun. Druckmaschinen ratterten, die Kreissäge jaulte, Taxigenoss_innen löteten ihre Daimler zusammen und Wissbegierige konnten selbstorganisiert einzelne Sprachen im babylonischen Gewirr erlernen...

Auch im KuKuCK (Kunst und Kulturzentrum) am Anhalter Bahnhof oder im ›Bauhof‹ am Görlitzer Bahnhof entwickelten sich in großen Gewerbeimmobilien ein Nebeneinander von diversen Wohnexperimenten und kollektiven Arbeitsvorhaben in bunter Vielfalt von Branchen, Kontinuitäten, Größen und Absichten. Eine besondere Spezies bildeten die damals von den Aktivist_innen in ihren Häusern selbst betriebenen typischen Besetzerkneipen mit ausdrucksstarken Namen wie ›KOB‹, ›Milchbar‹ (heute eine angesagte ›BVB‹-Fankneipe), Besetzer-Eck, Slainte, Stinkender Bierfurz, Sumpfblüte, Café Morazan usw. Sie entstanden quasi über Nacht, verschwanden aber gelegentlich in der gleichen Zeit wieder von der Bildfläche.

Der Anspruch, mehr noch der ideologische Slogan: gemeinsam Wohnen, gemeinsam Leben und gemeinsam Arbeiten, gehörte zum alltäglichen, trotzigen Vokabular: Wir können's besser – wir machen's besser, zusammen und vor allem selbst und alles. Somit wurde ideologisch kollektives Wohnen und kollektives Arbeiten selbstverständlich in einem Atemzug propagiert und annonciert.

Andererseits ...

entstand beim näheren Betrachten ein deutlich anderes Bild, als die örtliche Nähe und die zeitliche Parallelität von Häuserkampf und Kollektivbewegung nahelegen. In den zeitweise nahezu 200 besetzten Häusern in Berlin waren die Orte, an denen Wohnen und Arbeiten von den Beteiligten gleichzeitig selbstverwaltet organisiert oder zumindest gemeinsam angegangen wurden, die großen Ausnahmen. Natürlich trafen sich Kollektivist_innen und Besetzer_innen beim Biertrinken oder liefen in einer Kette auf den selben Demos und wohnten Tür an Tür (falls es welche gab) in den selben Häusern, doch die persönlichen Bewegungsfelder berührten sich oft nur punktuell, liefen überwiegend eher nebeneinander, und die Besetzer*innen fanden sich nicht selten in verschiedenen Lagern wieder.

Nicht anders als heute, waren die Motive der aktiven Menschen in der Bewegung und damit ihre Ziele und Hoffnungen sehr verschieden. Das spiegelte sich natürlich im politischen Alltag wider.

Die riesigen Sanierungs- und Bauarbeiten an den zum Teil sehr verkommenen Häusern erforderten zeitweilig kollektives Handeln. Doch auf Dauer halbwegs pünktlich und zuverlässig morgens um 4:00 Uhr auf dem Gemüsegroßmarkt für das Bioladenkollektiv aufzulaufen, beim Annehmen von Druck- oder Reparaturaufträgen fachliches Können und Verlässlichkeit zu garantieren, die sonnigen Wochenenden mit Gläserspülen in der Kollektivkneipe zu verbringen oder letztlich finanziell für Investitionen in notwendige Produktionsmittel langfristig zu haften, das alles versprühte nicht gerade revolutionären Charme.

Selbst wenn den meisten Akteuren_innen damals diese Fähigkeiten innegewohnt hätten..., faktisch waren nicht viele HausbesetzerInnen bereit, auf Dauer in die mühsamen Lern- und Aufbauprozesse selbstorganisierter Alltagsstrukturen zu investieren. Woran lag das? Viele Hausgruppen waren mit der Bewältigung des nächsten Tages (wie kommen wir an Wasser, wo kann ein Stromkabel gelegt werden, wer beschafft Baumaterial, wie füllt sich die Haushaltskasse, Fluktuation in der Zusammensetzung, Großgruppenansprüche, Drogen- und Alkoholexzesse etc.) schon mehr als ausgelastet.

Die Organisation des gemeinsamen Wohnens stellte schon alleine ein unendlich großes und damals weitgehend unbekanntes Alltags-Experimentierfeld der Selbstregulation dar. Und selbstverständlich standen bei der großen Mehrheit das öffentliche Politikmachen – der Staatsmacht und der Abrisspolitik sichtbar die Stirn zu bieten – und die Verteidigung der Häuser an erster Stelle. Die alltägliche Repression und Konfrontation durch und mit Hauseigentümer_innen, Wohnungsbaugesellschaften, Polizei, Staatsanwaltschaft, Springer-Presse, Senat usw. ließen häufig keine andere Wahl, als dafür erschöpfend viel Zeit und Energie aufzubringen.

Dazu kam in Berlin das besonders von Autonomen stark beeinflusste Politikverständnis, dass nur direkte, gezielte und vor allem deutlich sichtbare (laute) Angriffe auf das Schweinesystem zählen.

Kurz und gut, das mühselige Herumfummeln an Fahrrädern in halbverfallenen Hinterhofgemäuern, wie auch das Erbsenzählen bei der Erstellung von Steuererklärungen oder das pennälerhafte Aneignen von Fachkenntnissen hielt wenig aufständische Anziehungskraft parat. Im Gegenteil, die Menschen in der Kollektivbewegung wurden nicht selten als Selbstausbeuter_innen, Reformer_innen oder schlicht als Müslis bezeichnet, damals wie heute keine besonders revolutionären Adelstitel.

Und außerdem ...

hatte sich dann aber doch herumgesprochen, dass in den kollektiven ›Selbstausbeutungsklitschen‹ phasenweise ein ganz menschlicher Umgangston gepflegt wurde und sich brauchbare Reproduktionsgrundlagen entwickelten. Das war manchmal nicht einmal immer zwischen besetzten Vorder- und Hinterhäusern eine Selbstverständlichkeit und lockte doch einige Häuserkämpfer_innen an. Die Biobäcker_innen belieferten die Hausgruppen und diese halfen im Gegenzug beim Abladen von Getreidesäcken. Die Taxigenoss_innen übernahmen Transportfahrten und bekamen dafür Vorzugspreise beim Einkauf, alle Druckaufträge gingen natürlich an Druckereikollektive, die wiederum den unstillbaren Bedarf an Flugblättern und Plakaten deckten, usw. Gerade dadurch wurde in Ansätzen praktisch sicht- und erlebbar, welchen Beitrag nichtkommerzielle und kollektive Alltagsversorgung und -strukturen zu leisten in der Lage waren. Aber auch welcher mühsame Weg zwischen Anspruch und Praxis gegangen werden musste.

Trotz der vorhandenen persönlichen und strukturellen Überschneidungen, kam zu keiner Zeit ein gezielter, planvoller oder politischer Diskurs zwischen radikaler Stadtteilpolitik, Hausbesetzungen und Kollektivbetrieben in Gang. Damals zählten sich alle Kollektive, vom Buchladen über Zahnarztpraxen bis hin zu Maschinenbauer_innen oder Gartenbaubetrieben zur linken Bewegung und waren von innen und nach außen erklärter Teil von ihr. Doch ein absichtliches Zusammenwirken beider Strömungen, zur Verbreiterung und Verstetigung kollektiver Alltagsstrukturen in Politik, Wohnen, Leben und Arbeit fand nur auf dünnen Brettern und diskontinuierlich statt.

Eine Entwicklung, die beide Bewegungselemente letztlich teuer zu stehen kam, wie wir heute im Rückblick erkennen können. Das vorrangige Primat der ›Außenpolitik‹ hat auf längere Sicht den Blick auf die alltägliche gesellschaftliche Lebenswirklichkeit und -notwendigkeit erschwert. Das individuelle schöne und preiswerte Wohnen ist auch deshalb heute das vorwiegende Modell in ehemaligen besetzten Häusern.

Und sehr viele Tischlereien, Kneipen und Bäckereien etc. bezahlten ihre ökonomische Rosskur, den großen Arbeits- und Zeitaufwand im Kampf gegen die ganz konkreten Markt- und Sozialzwänge mit der großflächigen Entpolitisierung ihres (Betriebs-)Alltags, mit der Transformation kapitalistischer Prinzipien und der Adaption ihrer Inhalte durch jedes bessere Start-up-Unternehmen.

Unbestritten kann letztlich festgestellt werden, dass die damalige Eroberung von Lebensräumen auf die Ideen vom kollektiven Arbeiten sehr belebend, motivierend und mutmachend gewirkt hat.

Unbestritten ist weiterhin, dass sich einige Kollektivbetriebe und Projekte ihr politisches Selbstverständnis bis heute erkennbar erhalten haben und es auch nach außen tragen.

Unbestritten muss aber gleichwohl konstatiert werden, dass der Mangel an konsequenter gemeinsamer Alltagsgestaltung, zumindest damals eine fahrlässige Vergeudung von Chancen und Ressourcen war. Es stellte sich zu häufig die Frage: ziehe ich nun mit meinem politischen ›Zusammenhang</besetzten Haus ins Feld oder mit meinem Arbeitskollektiv dem Tränengas der nächsten Demo entgegen?

Es stellte sich ebenfalls zu häufig als politischer Gegensatz heraus, ob an kollektiven und selbstorganisierten Sozial-, Kultur- und Arbeitsprojekten gewerkelt wird oder an politischen Positionen und Aktionsformen der Hausbesetzerbewegung? Das hätte damals auch viel besser laufen können ... Deshalb: Auf in neue Versuche!

7. Nicht nur Hausbesetzungen ... Betrachtungen aus West-Berlin

von Christiane Brückner

Der Häuserbewegung 1980/81 war zeitlich vorausgegangen der deutsche Herbst 1977, bewaffnete Opposition und massive Repression, die sogenannte bleierne Zeit. Strukturell gab es eher wenig Vermittlung zwischen den 68ern und der Häuserszene. Diese geschah mehr durch individuelle Kontakte.

Die Welt im Aufbruch. Doch wir fühlten uns zugehörig und in der Kontinuität der außer-parlamentarischen linken und militanten Bewegungen der 1960er und 1970er Jahre. Diese waren sowohl in der BRD (RAF, 2. Juni, RZ, Rote Zora) präsent als auch in den Nachbarländern Italien (Brigate Rosso) und Frankreich (Action Directe). Im Baskenland und Nordirland kämpften ETA und IRA um Autonomie und in Palästina die PLO. In Nicaragua hatte die FSLN 1979 den Diktator Somoza besiegt, in Zimbabwe die ZANU 1980 die Wahlen gegen das Rassistenregime gewonnen, und in Guatemala und El Salvador kämpften Befreiungsbewegungen. In der Bundesrepublik machten über

200 Solidaritätskomitees aus linken, bürgerlichen, Gewerkschafts- oder christlichen Zusammenhängen dazu offensive Öffentlichkeitsarbeit. Im Rahmen der – von der neugegründeten TAZ initiierten – Spendenkampagne »Waffen für El Salvador« wurden 5 Millionen DM gesammelt und der salvadorianischen Guerilla FMLN übergeben.

Der Schah von Persien war 1979 verjagt worden, und auf der Frauendemo am 8. März 1980 wurden in Paris die selbstbewussten iranischen Frauen besungen. Die zukünftige Unterdrückung war zu dem Zeitpunkt nicht vorstellbar. In Polen entwickelte sich aus den Streiks im Sommer 1980 die Gewerkschaft »Solidarnosc«, als erste in einem der »Ostblock-Länder«. All diese Geschehen waren »uns« eher nah als fern und gaben Anlass zu heftigen Diskussionen und Aktivitäten. Von den westlichen Machthabern und in den Medien wurden die jeweiligen Aktivist_innen der meisten Länder »Terroristen« genannt, während wir dazu neigten, sie revolutionsromantisch zu verklären.

Insgesamt jedoch war die Parole »Seid realistisch, fordert das Unmögliche!« der Zeit angemessen. Illegalität und Knast schien häufig als persönliche Perspektive wahrscheinlicher als Rente, und einige rechneten sich Chancen aus »Die Revolution« noch zu erleben. Es imponierte mir sehr, als ein italienischer Genosse 1981 zu mir sagte: »Wir, die Brigate Rosso, waren in Italien kurz vor der Machtübernahme, aber wir wollten sie nicht.« Heute sehe ich seine Aussage und meine Ehrfurcht eher als Ausdruck von Größenwahn und Naivität.

»Aufruhr, Widerstand – es gibt kein ruhiges Hinterland«

Nicht nur Häuserräumungen boten Anlass auf die Straße zu gehen. Ebenso ging es gegen AKWs oder die Starbahn West in Frankfurt, gegen die Vereidigung von Bundeswehrsoldaten im Weserstadion Bremen, um Solidarität mit den Befreiungsbewegungen in Mittelamerika oder mit den Hungerstreiks politischer Gefangenen hier oder in Nordirland. Und wir Frauen eroberten uns mit großen Walpurgisnachtdemos die Nacht zurück. Großdemos mit Zigtausenden unter Beteiligung eines breiten Spektrums der Bevölkerung waren keine Seltenheit. Die Demonstrant_innen kamen aus dem Mittelstand, aus Kirchen und Parteien, waren Natur- und Umweltschützer, Schulkinder, Freaks, Punks, Teenies, Greise – querbeet. Es beeindruckte mich, als jemand erzählte, wie beim Hüttendorf der Startbahn West eine alte Bäuerin den Baumbesetzer_innen ihre angesammelten Nägel brachte, damit sie sie in die Bäume schlagen, um das Fällen zu verhindern.

Auch die Berliner Hausbesetzer-Bewegung hatte anfangs viel Zuspruch seitens der lokalen Bevölkerung und später die Unterstützung sogenannter »Liberaler« als Paten. Die Anti-AKW-Bewegung war stark und phantasievoll in ihrem Kampf gegen Wyhl, Gorleben, Brokdorf und weitere Standorte.

Die Sitzblockade von Friedensaktivist_innen in Mutlangen zur Verhinderung der Stationierung der Pershing-II-Raketen war so massiv, dass diese Aktionsform in ihrer strafrechtlichen Relevanz kurzerhand von »Nötigung« zu »Gewalt« hochgestuft wurde. In Holland wurden von den Kraakern Tausende Wohnungen und Häuser friedlich besetzt und z.T. militant zurückerobert, Züri (Zürich) brannte, und in Freiburg wurde nicht nur das Dreisameck besetzt und gewaltsam geräumt.

Es bestanden Kontakte von den Berliner Besetzer*innen zu den Leuten aus der Hafenstraße in Hamburg ebenso wie zur Kiefernstraße in Düsseldorf. In Brixton, England, gab es 1981 heftige Krawalle aufgrund der ökonomischen Situation und rassistischer Gewalt. Der Punk schwappte rüber aus England, und die Ratte im Ärmel war nicht ungewöhnlich.

»Wir« fühlten uns verbunden, vernetzt – im Zeitgeist und dem Gefühl, überall bewegt sich was, stehen Leute auf gegen unterdrückerische Strukturen und Machthaber.

»Zahme Vögel träumen von Freiheit, wilde Vögel fliegen«

Kreativität und Selbstbestimmung, eigene Strukturen zu schaffen – aus dieser Energie heraus entstand Ende der 1970er/Anfang der 1980er in den unterschiedlichsten gesellschaftlichen Bereichen vieles, was heute institutionalisiert und verkrustet scheint oder ist und an »revolutionärer« Bedeutung verloren hat.

Die Frauenbewegung war stark, laut und rührig. Vergewaltigung und Gewalt gegen Frauen wurde thematisiert und Ende der 1970er vielerorts der »Notruf für vergewaltigte Frauen« sowie Frauenhäuser gegründet. Es fanden regelmäßig Frauen-Sommerunis statt, und in Berlin wurde das *Feministische Frauenforschungszentrum* (FFBIZ) gegründet sowie in mehreren bundesdeutschen Städten *Frauengesundheitszentren* (FFGZ) eröffnet.

Das Wissen über den eigenen Körper sowie über alternative Heilmethoden war ein wichtiges Moment der Selbstbestimmung, um der männlich dominierten Medizin nicht hilflos ausgeliefert zu sein und als einzig mögliche Verhütungsmethode die Pille zu fressen. Aus der kritischen Haltung der Schulmedizin gegenüber gründeten sich Gesundheitsläden wie der *Rote Mond* am Chamissoplatz. Sie boten Selbstuntersuchungen an, ermutigten, informierten, vernetzten und dienten als Aktionsplattform. Verschüttetes heilkundliches Wissen wurde wieder- und fernöstliche Heilkunde neu entdeckt; in Kreuzberg wurde die selbstverwaltete Heilpraktikerschule und aus der Besetzerbewegung das *Heilehaus* gegründet, um alternative Heilmethoden Leuten mit wenig oder keinem Geld nutzbar zu machen.

Das italienische Parlament hatte 1978 die Auflösung der psychiatrischen Anstalten beschlossen, und in Deutschland gründeten ehemals Betroffene Anfang der 1980er die *Irren Offensive* und das *Weglaufhaus*. Entsprechend versuchten wir, unsere Mitbewohnerin, die tagelang Essen und Schlaf verweigerte, da sie befürchtete, davon ebenso vergiftet zu werden wie von dem Strom, der aus der Steckdose strömte, rund um die Uhr zu betreuen und ambulant zu versorgen. Als wir vor eigener Erschöpfung und Angst um sie aufgaben und sie doch in die verhasste Psychiatrie brachten, fühlten wir uns als Verräter_innen.

Um Gegenöffentlichkeit bundesweit (und nachhaltig) herzustellen, gründeten 1978 einige Leute die – als erste von Werbeanzeigen unabhängige – linke Tageszeitung *taz*. Die feministischen Zeitschriften *Courage* und *Emma* waren da schon länger auf dem Markt. In mehreren Bundesländern gründeten sich Anfang der 1980er Jahre ökologische Parteien, die sich später bundesweit als DIE GRÜNEN formierten.

Der Gegner war klar: Bullen und die imperialistischen USA. »Zerschlagt die Nato, zerschlagt den Staat, zerschlagt Justiz und Knastapparat!«, war einer der häufig auf Demos skandierten Sprüche.

Die »Geht doch rüber!«-Rufe der Passanten berührten uns wenig. Das Modell auf der anderen Seite der Mauer war nicht unseres. Abgesehen davon, dass wir die in den bürgerlichen Medien über die DDR und UDSSR erscheinenden Artikel für kapitalistische Propagandalügen hielten. Sie waren damit ebenso wenig glaubwürdig wie die Verherrlichungen der real existierenden sozialistischen Staaten durch die diversen K-Gruppen.

Abgrenzung gegenüber kleinbürgerlichem Spießertum (dem ja etliche von uns entstammten) stand auf der Tagesordnung: nicht als Teil des Systems, sondern als außerhalb stehend begriffen wir uns. Konsumkritik und -verweigerung waren angesagt und als deren praktischer Ausdruck individuelles sowie kollektives »Einklaufen«. Dies führte zwar manchmal zu vermehrtem Konsum, aber es war ja eine revolutionäre Tat. »Besitzdenken« war verpönt, nicht nur auf Materielles, sondern auch auf die sogenannten Zweierkisten bezogen.

Das Bedürfnis nach kollektiven Lebens- und Arbeitsformen war groß und das »WIR«-Gefühl ausgeprägt. Dies wurde durch die Verfolgung durch Justiz und Polizei verstärkt. Doch der Preis, den Einzelne – und durch den Umgang damit letztendlich auch die Bewegung – zahlten, war teilweise sehr hoch. »Wir sind nicht alle – es fehlen die Gefangenen!« – in diesem Ruf waren diese immer dabei, und das war gut so. Doch jene, die in den Krawallen zum Teil schwer verletzt wurden, wie z.B. Rüdiger, der am 12.12.1980 in Kreuzberg neben mir von einer Polizeiwanne gegen eine Betonbarrikade gequetscht wurde und in Folge beide Unterschenkel verlor, oder jene, die der ständigen Bedrohung der Häuser von außen oder dem oft rauen Umgang untereinander nicht mehr gewachsen waren und psychisch erkrankten oder sich umbrachten, waren weniger präsent.

Neben dem Verlangen, zusammen mit vielen zu leben, war für manche auch der Gedanke, wegen der räumlichen Nähe effektiver politisch arbeiten zu können, ein Grund, im besetzten Haus zu wohnen. Auch in den Kollektiven waren Arbeit und politische Aktivität häufig verknüpft. Sei es, dass der Bioladen aus Protest gegen eine Häuserräumung den Verkauf unterbrach und gemeinsam demonstriert wurde, im Schlosserkollektiv Krähenfüße produziert wurden oder das Plakat erst gedruckt wurde, als »Coca Cola« als Sponsor darauf verschwunden war. Selber machen, ausprobieren, es fanden sich meist Wege, eine Idee in die Tat umzusetzen. Aber der Erwerbsdruck war ungleich geringer als heute und Aussteigen anstatt »Karriere machen« war angesagt.

Auch wenn der Rückblick ein wenig verklärt sein mag, so war doch die Kraft und das Gefühl damals real. Drum für alle, die den Kanal voll haben: Auf zu alten Ufern?

8. Kunst- und Kulturcentrum Kreuzberg (KuKuCK)

von Günter Watermeier, ehemals KuKuCK

Der KukuCK wurde am 23. Januar 1981 besetzt, 4.800 qm Fläche, von denen über zwei Drittel leer standen. Im Juni 1981 folgte die erste Durchsuchung mit vier Hundertschaften. Verhandelt wurde nicht, stattdessen wurde die Fassadenbemalung unter akutem Räumungsdruck fertiggestellt.

Im August/September 1981 war das KuKuCK im Rahmen von TUWAT Ausgangspunkt zahlreicher politischer, kultureller und künstlerischer Aktivitäten. Anfang 1983, die Besetzerbewegung lag praktisch schon am Boden, gab es aus dem Haus heraus erste Schritte zur rechtlichen Absicherung des Hauses, Richtung Berliner Kulturrat und IBA (Internationale Bauausstellung). Viele der Alten waren da schon weg, ich auch. Im September 1983 gab es ein Gespräch bei Kultursenator Hassemer mit dem Hausbesitzer Wesenburg, Vertretern vom Berliner Kulturrat, dem Kreuzberger Bezirksstadtrat und KuKuCKs. Als prominenter Sympathisant wohnte Udo Lindenberg bei. Der Besitzer verlangte eine sechsstellige Summe, das waren einige Nullen zu viel. Im Juli 1984 folgte die Räumung.

Die beiden großflächigen Wandgemälde mit »am Kessel sitzenden Bombenbauern, dem zackigen in den Himmel ragenden Kraaker-Symbol, den aus den Trümmern der alten Gesellschaft entstehenden träumerischen Seifenblasen« avancierten mit tausendfach produzierten Postkarten und Plakaten zum emblematischen Symbol der 1980er HausbesetzerInnenbewegung und konnten trotz Unterstützung von KünstlerInnen wie Beuys, der taz, DenkmalpflegerInnen und 10.000 gesammelten Unterschriften nicht gerettet werden.

Rückblick eines Bewohners des Kunst- und Kulturcentrums Kreuzberg (KuKuCK) anlässlich des dreißigsten Jahrestages der Besetzung

Zum Kulturbegriff in der Bewegung:

Kultur – cultura – Pflege

Was wurde gepflegt?

Ein Lebensstil, der sich an sich selbst erschöpfte.

Die Rahmenbedingungen waren: keine Miete, BAföG, Sozi.

Die Inhalte: Süßer leben – härter arbeiten.

Das Auftreten: Stolz, mutig, arrogant, drogenaffin (Grüße an Marie Johanna), experimentierfreudig, naiv, kreatief, ignorant und extravagant. Da war zum Beispiel einer, mit schwarzem Jackett, auf dem Rücken ein weißes Halbrund von Buchstaben:

Uni(n)formierte, die Heiligen der letzten Tage (gemeint waren vielleicht die Studies an der Uni); statt Krawatte ein roter Ledergürtel um den Hals, aber eben mit goldiger Schnalle, von wegen extravagant. Haare hatte er keine.

Dazu gab es Lieder:
»Er fährt, fährt, fährt,
ab
– auf sich – ab sich
– alles Absicht.
Es glänzt, glänzt, glänzt,
immer wieder, sonntags,
denn Samstag poliert die Fresse.
Alles Haut-Köpfe, kein Gehirn.« (soviel zu der Glatze).

Dieses und andere gab es auf dem Platz, vor dem KukuCK, mit seinen bekannten Wandbildern. Drinnen gab es den obligatorischen Musik-Übungskeller, verschiedene Fabriketagen als Veranstaltungsräume für Musik (Soldiers of Fortune, 3 von der Anstalt, Mekanik Destruktiv Kommando, Embryo, Gunter Hampel, auf allen Fellen, eine bunte Mischung).

Kabarett (die hauseigene »Dreckschleuder«), Theater (Stramm '84), sogar noch mehr hauseigen, außerhäusig kam die Schaubühne mit Peter Stein, innerhäusig das Kino ›DPA‹ im fünften Stock, Autorenfilmer (Alexander Kluge) zeigten ihre Zirkusfilme im Café, wo auch einmal ein Arztroman gegeben wurde, wie gesagt, bunt und viele Falten.

Von der Malerei ganz zu schweigen, und der Mode, oft in Plastik (Rememba Cure: Plastic passion). Bunt wie die Haare, löchrig wie die Hosen, schmuckvoll wie der Verschluss einer Karlsquell-Dose. Trendsetter. Preisfrage: Was gibt es heute mehr? Gefärbte Strähnchen oder Sinalco-Dosen?

So viel zum kurzen Fluidum eines damals fast leer stehenden Gebäudekomplexes, Vorderhaus und zwei Hinterhäuser, durch einseitige Seitenflügel verbunden, plus der Idee eines Kulturzentrums, in Absprache mit einer legalen WG. So liefen die Vorbereitungen. Damals gab es eine Videogruppe, heute gibt es Autofocus; damals gab es hölzerne

Manegenbegrenzungen, in die schmissen wir all unsere Bücher, daraus wurde die Kukucksbibliothek (Kubi), die sich heute Papiertiger nennt. Geschichten gibt es viele, und so einige, die sie erlebt haben.

9. Verhandeln oder nicht verhandeln – Zwischen Aneignung und Mietvertrag

Die Frage, ob die Bewohner*innen eines besetzten Hauses Verhandlungen um Verträge und Legalisierung aufnehmen oder nicht und welche Kompromisse daran geknüpft sind, war und ist immer ein bestimmendes Thema innerhalb der Häuserbewegung und einzelner besetzter Orte und hängt von vielen unterschiedlichen Faktoren ab. Ganz wesentlich natürlich von der politischen Einstellung und Motivation der Hausbesetzung – also der bewussten Infragestellung des Privateigentums von Häusern und Freiflächen und dem Ziel, sie in Kollektiveigentum zu überführen. Andererseits spielt bei vielen Debatten um Verträge die Frage der politischen Kräfteverhältnisse und die Stärke der Bewegung eine entscheidende Rolle.

Um die Frage, wie ein Haus oder mehrere Häuser, die gemeinsam organisiert sind, trotz Räumungen oder Räumungsandrohungen, Repression und Kriminalisierung eine Strategie und Power entwickeln können, um Besetzungen (langfristig) aufrechtzuerhalten, werden zum Teil heftige Diskussionen geführt. Die Intensität jener Auseinandersetzungen sowie deren Ergebnisse, politische Einschätzungen und Konsequenzen, variieren dabei von Ort zu Ort und werden in verschiedenen Zeiten unterschiedlich geführt.

Einige bedeutende, für ihren politischen Widerstand bekannte und symbolträchtige besetzte Häuser haben verhandelt und Verträge abgeschlossen wie etwa die *Hamburger Hafenstraße*, das *Georg-von-Rauch-Haus* oder die *Köpi* (Köpenickerstraße 137) in Berlin. Doch auch diese Legalisierungen gingen nicht ohne Konflikte über die Bühne und mussten durch langwierige Kämpfe und Auseinandersetzungen gegen die politische Macht und mediale Hetzkampagnen erzwungen werden. Andere Häuser wiederum wurden, wie im Fall der Mainzerstraße 2-11 in Berlin Friedrichshain, trotz Verhandlungsbereitschaft nach massivem Widerstand geräumt. Manche Häuser haben erst verhandelt und dann wiederum nicht – andere Häuser genau umgekehrt – erst nicht verhandelt und am Ende doch noch einen Vertrag errungen.

Der Vorteil einer Legalisierung liegt erst einmal immer in der Erhaltung der besetzten Räume, der politischen Infrastruktur, des Wohnraumes, der geschaffenen Freiräume und Selbstverwaltung.

Zu welchem Preis und für wie lange ist dabei eine ganz andere Frage.

Neben der prinzipiellen Akzeptanz, der ideologischen Aufrechterhaltung vom Privateigentum als Gesetzmäßigkeit, die eine nicht zu unterschätzende Bedeutung und Wirkung für die Konstituierung kapitalistischer und staatlicher Macht beinhaltet, geht es dabei vor allem um die Höhe der zu zahlenden Miete oder des zu entrichtenden Kaufpreises, der Verschuldung, der Steuerabgaben oder anderer finanzieller Entbehrungen. Auch sonstige Konditionen wie Laufzeit der Verträge, zu leistende unentgeltliche Selbsthilfeanteile (»Selbstausbeutung«), Kontrolle durch staatliche Institutionen und Träger bei gleichzeitigem Verlust der Selbstverwaltung und Autonomie, Bau- und Modernisierungsmaßnahmen und anderweitige Vorschriften, Regularien, Abnahmen, Vorgaben usw. bestimmen die

Qualität einer Legalisierung. Nicht von ungefähr formulierte sich anhand dieser Debatten schon oft die Kritik der Befriedung von politischem Aktivismus – ausgeführt von staatlichen Befriedungsstrateg*innen. Das Ergebnis nach einer Legalisierung variiert von Fall zu Fall stark und hängt von vielen Komponenten ab.

1980/81 während der Hochphase der Besetzer*innenbewegung kam es zu heftigen Debatten unterschiedlicher Strömungen und Fraktionen innerhalb der Häuser und Besetzer*innen-Räte um die Frage von Legalisierung und Verhandlung. Ein Teil wollte nicht verhandeln, ein anderer Teil nur unter bestimmten Bedingungen wie etwa Freilassung der Gefangenen im Zusammenhang mit den Hausbesetzungen, Entkriminalisierung und Räumungsstopp sowie einer Gesamtlösung für alle Häuser. Andere wiederum wollten Verträge für einzelne Häuser, Bezirke, Blockräte und/oder zu anderen Bedingungen. Für eine Zeitlang schienen die fast alle im Gesamtberliner *BesetzerInnen-Rat* vertretenen Häuser mit Verweis auf massive Repression des Berliner Senats (vom 12.12.80 bis 20.10 1982 gab es 7.809 Ermittlungsverfahren, 1.409 Festnahmen, 172 Haftbefehle, Ermittlungsverfahren nach §129, 93 Haftstrafen und davon 18 ohne Bewährung. Quelle: *Der Stachel*)) an einem Strang zu ziehen. Verhandlungen wurden nicht geführt, und die Solidarität untereinander war enorm. Die Bewohner*innen des Kerngehäuses in der Cuvrystraße 20/23 brachen am 17.12.80 offiziell ihre Kaufverhandlungen aus Solidarität mit den Verhafteten vom 12.12.80 und den anderen besetzten Häusern ab, obwohl ein fast unterschriftsreifer Vertrag mit dem Eigentümer Dr. Marx vorlag, der mit Unterstützung und Förderung durch die IBA und den Senat zustande gekommen war (1983 kaufen sie ihre Häuser dann doch).

Doch durch die Spaltungspolitik des Senats, insbesondere nach dem Sieg des CDU-Senats unter Weiszäcker/Lummer ab Mitte 1981, sowie unterschiedlicher Strategien der Hauseigentümer*innen/Wohnungsbaugesellschaften zerbröckelte allmählich bei gleichzeitig fortwährenden Räumungen die einheitliche Linie, und unterschiedliche Vorstellungen, Einschätzungen und Konflikte über Strategie und Ziele der Bewegung traten offen zu Tage. Andererseits, so zumindest resümiert eine Gruppe von Hausbesetzer*innen in ihrer Nachbetrachtung »Berliner Häuserkampf aus Kreuzberger Sicht« Jahre später, »hätten sich die Gruppen in wichtigen Sachen ergänzt, (...) eine Vielfalt von Aktionsformen, die sich nicht gegenseitig distanzierten, wurde möglich und sprach viele neue Leute an. Nur mit Gemüseinselprojekten wäre die Besetzerbewegung nicht allzuweit gekommen, aber auch nicht mit Militanz gegen den Staat allein. Dies sehen wir aber erst jetzt so – mit einigem Abstand. Zu der Zeit gab es kaum eine Möglichkeit der Annäherung«.

Schließlich wurden sowohl unter dem SPD- als auch CDU-Senat verschiedene Vertragsmodelle (Treuhändermodell, Stiftungsmodell, Käseglockenmodell usw.) kontrovers diskutiert, einzelne oder in Bezirken zusammengeschlossene Häuser (Kreuzberg 61, Neukölln, Charlottenburg) begannen Gespräche und Verhandlungen, brachen sie wieder ab und begannen sie später erneut.

Nach dem Tod von Klaus Jürgen Rattey (22.9.81) wurden erneut alle angefangenen Verhandlungen unterbrochen. Doch am Ende konnte keine Gesamtlösung für alle besetzten Häuser durchgesetzt werden – die Teile-und-herrsche-Politik des Senats und die Zersplitterung in viele Fraktionen, die zeitweise auch innerhalb der Häuser existierte, erschwerten ein gemeinsames Vorgehen bis zum Schluss.

Auch wurden Verhandler*innen-Häuser ebenso geräumt, und andere Verhandler*innen-Häuser wurden daraufhin zu Nicht-Verhandler*innen, während wiederum einige schon immer Nicht-Verhandler*innen-Häuser auf einmal doch Verträge abschlossen. Diese Taktik, dieses Hin und Her von Verhandlungen und Drohungen, Angeboten und Räumungen wurde immer zermürbender. Letztendlich wurden 105 der über 220 besetzten Häuser legalisiert, im November 1984 das letzte besetzte Haus der Häuserbewegung (1979-1984) geräumt.

Die Bewegung war erloschen, um nur einige Jahre später im neuen Gewand wieder in Erscheinung zu treten, ab 1989 zuerst in Westberlin (50 Besetzungen), ab Herbst 1989 dann auch in Ostberlin (mehr als 130 Besetzungen).

Die Auseinandersetzungen um Verhandlungen/Nichtverhandlungen wurden diesmal weniger intensiv geführt. Ein Großteil der Häuser war grundsätzlich von Beginn an verhandlungsbereit und nahm am 27.6.1990 – nach einigen von einzelnen Häusern geführten Verhandlungen – Gesamtverhandlungen mit dem Ost-Berliner Magistrat durch das am 22.6.1990 gegründete Vertragsgremium (VG) auf, das bis zu 90 Häuser vertrat und durch den *BesetzerInnen-Rat* legitimiert war. In einem dem Senat am 20.7. vorgelegten und abgelehnten Vorvereinbarungsvorschlag des Vertragsgremiums heißt es dann auch unter Punkt 3, dass »Vertragsgremium und Magistrat sich darüber einig sind, daß zwischen den Vertragsparteien nach Ende dieser Vorvereinbarung ein Vertrag mit dem Ziel der langfristigen Nutzung der in der Anlage aufgeführten Objekte durch die in Gründung befindlichen Vereine als selbstverwaltete Hausgemeinschaften geschlossen werden soll. Die Rechte der Eigentümer der in Anlage aufgeführten Objekte bleiben unberührt.«

Allerdings gab es auch Kritik am Verhandlungsgremium (VG) wie z.B. mangelnde Transparenz, und einige wollten sich auch in Zukunft trotz dieses gemeinsam geschaffenen Gremiums die Option auf Einzelverhandlungen offenhalten. So existierte also neben der Fraktion der nicht verhandlungsbereiten Häuser, die allerdings eher in der Minderheit waren, auch noch die Fraktion der Einzelverhandler*innen.

Aber Einzelverhandlungen garantieren keineswegs Aussicht auf Erfolg wie das Beispiel Oranienburger Straße 86 zeigt. Sie entschieden sich für Verhandlungen und wurden dann trotzdem geräumt – die Solidarität der übrigen Besetzer*innen war äußerst gering. In einem von einigen der Besetzer*innen in der *BesetzerInnen-Zeitung* veröffentlichten Beitrag wurde daraufhin Kritik geübt:
»Ihr werft dem Magistrat vor, mit seinem Beschluß zwischen ›guten‹ und ›bösen‹ BesetzerInnen zu unterscheiden, spalten zu wollen, letzten Endes macht ihr doch das Gleiche etwas anders, wenn ihr Trennlinien zieht, z.B. zwischen ›Politischen‹ und ›Privaten‹. Wir verstehen uns als Teil einer Häuserbewegung, die einem breiten Spektrum von Menschen, Meinungen und Interessen Platz bietet, und somit auch zur Erreichung gleicher oder ähnlicher Ziele, verschiedene Wege und Strategien zu beschreiten in der Lage ist, ohne die Fähigkeit zu verlieren, darüber Auseinandersetzungen zu führen.«

Nach weiteren Gesprächen des VGs wurden die »Vorverhandlungen« Anfang Oktober 1990 einseitig vom Magistrat abgebrochen. Eine Gesamtlösung für alle besetzten Häuser bezirksübergreifend war damit gescheitert. In dem Bezirk Mitte wurde einzelnen Häusern Mietverträge und in Friedrichshain durch den Bürgermeister Mendiburo (SPD) ein Verhandlungstisch auf Bezirksebene angeboten, im Prenzlauer Berg tagte, auf Einladung der Hausbesetzer*innen des Bezirks, der erste Runde Tisch am 9.11.90, doch erst die gewaltsame Räumung der ebenfalls generell verhandlungswilligen besetzten Häuser in der Mainzer Straße 2-11 am 14.11.90 durch 3.000 martialisch auftretende Polizeibeamt*innen und die darauffolgende öffentliche Empörung und Kritik an jener Räumung sowie der Austritt der AL aus der gemeinsamen Regierungskoalition mit der SPD schuf ein Klima, auf Bezirksebene in

Ostberlin Runde Tische mit den verhandlungswilligen Häusern zur Vertragsfindung zu institutionalisieren.

Im Ergebnis führte das zur Legalisierung eines großen Teils der Häuser, allerdings wurden alle anderen Häuser in der Folgezeit geräumt. Doch die ausgehandelten Verträge waren von Bezirk zu Bezirk verschieden. In einigen Häusern wurden durch eine 100% durchgesetzte Mietminderung (zumindest für einige Zeit) die Besetzer*innen zu »legalisierten BesetzerInnen«.

Doch nach der schrittweisen Rückübertragung an die ehemaligen Hauseigentümer*innen entstanden neue Probleme (Modernisierungen, Kündigungen und Räumungsklagen, jahrelange Rechtsstreits, Mieterhöhungen, Teilräumungen, Schikanen usw.) und einige Häuser wurden ganz geräumt.

Jüngstes Beispiel ist die 1990 besetzte Liebigstraße 14 in Friedrichshain, die 1992 von der WBF (Wohnungsbausgesellschaft Friedrichshain) Mietverträge erhielt, 1999 von zwei Gesellschaftern der Lila GbR, Suitbert Beulker und Edwin Thöne (Vorsitzender des Kinderschutzbundes in Unna) erworben, 2007 gekündigt und dann letztendlich am 2. Februar 2011 nach allen verlorenen Räumungsklagen, 21 Jahre nach der Besetzung, geräumt wurde. Ebenfalls in Berlin geräumt wurden nach über 20-jährigem Fortbestehen und mehreren Eigentümer*innenwechseln die Häuser in der Rosenthaler Straße 68 (Eimer), der Brunnenstraße 183 sowie der Linienhof in der Kleinen Rosenthaler Straße 9.

Auch aus anderen Städten lassen sich hier Beispiele finden. Die Steffi (Stephanienstraße 60-64) in Karlsruhe, 1990 besetzt, erhielt Verträge, musste dann 1997 in ein anderes Haus ausweichen (Schwarzwaldstraße 79), benannte sich in EX-Steffi um und wurde dann, nachdem die 3-Jahres-Verträge nicht verlängert worden waren, 2006 nach 16 Jahren geräumt. Und in Norderstedt erhielt das Soziale Zentrum

(Ulzburger Straße) nach der Besetzung 1995 Verträge, die nach 10 Jahren 2005 gekündigt wurden. Nach einer weiteren monatelangen Besetzung gaben die Nutzer*innen im Dezember 2005 »freiwillig« die Schüssel ab.

Also: Legalisierung schützt keineswegs vor späterer Räumung.

In Berlin wurden in der Häuserbewegung 1989/90 zwar prozentual mehr Häuser als 1980/81 legalisiert, die Erhaltung aller Häuser, geschweige denn einheitliche unbefristete Verträge für alle legalisierten Projekte, konnten jedoch genauso wenig erreicht werden.

Die Solidarität unter den Häusern und die Entwicklung einer einheitlichen Linie oder Politik war/ist nicht nur von Konflikten über Strategien und Vorgehensweisen geprägt, auch die sehr unterschiedlichen Hauseigentümer*inneninteressen und spezifischen Gegebenheiten erschweren zuweilen ein gemeinsames Vorgehen.

Doch manche Häuser haben sich durch fehlende Gemeinsamkeiten auch (fast) selbst zerlegt und unnötig geschwächt, wie das Beispiel *Tacheles* in Berlin-Mitte zeigt.

Am 13.2.1990 wurde durch die Besetzung des ehemaligen Passage-Kaufhauses in der Oranienburger Straße 54-56a durch die Künstler*inneninitiative *Tacheles* die Sprengung gerade noch verhindert.

Das Kunsthaus *Tacheles* wurde in der Folge legalisiert und avancierte von einer Abrissruine zu einem attraktiven Berliner Tourist*innenmagnet mit jährlich um die 400.000 Besucher*innen. Doch jetzt steht es kurz vor dem Aus, denn der Zwangsverwalter, die HSH Nordbank, möchte das Gelände nun zwangsversteigern. Ein gemeinsamer Widerstand war lange nicht vorstellbar – zu unterschiedlich waren die Interessen, zu groß die Konflikte. Jahrelang hatten einige Künstler*innen und die Kneipiers fast nur noch vor Gericht miteinander gesprochen und u.a. über die Betriebskosten des Gebäudes gestritten. Inzwischen ließ sich ein Teil der

Ex-Besetzer*innen rauskaufen. Nach Zahlung von riesigen Abfindungssummen haben die »Gruppe Tacheles« (Café Zapata, Kino, Restaurant, Studio 54, Biotop und Freifläche), die eine Million Euro erhielt, sowie einige andere Künstler*innen (ein Metallkünstler erhielt allein 100.000 Euro) ab 2011 das Haus verlassen. So wurden immer mehr Flächen des Freigeländes nach und nach geräumt. Ob die Übriggebliebenen (selbstverwaltete Ateliers, Galerie und Theaterräume) des *Tacheles*, die inzwischen mehr als 175.000 Unterschriften für ihren Verbleib gesammelt haben, durch die Gründung einer Stiftung, die das Tacheles bzw. ein Teil davon kaufen soll, noch die drohende Zwangsentmietung, Räumung und Versteigerung an einen finanzstarken Investor verhindern kann, wird sich zeigen.

Am Beispiel Hamburg lässt sich exemplarisch aufzeigen, wie unterschiedlich die politisch Verantwortlichen auf Besetzer*innen reagieren, sie in diverse Schubladen einsortieren und dementsprechend handeln:

1. Als im August 2009 die Künstler*innen die leer stehenden Terrassenhäuser und Hinterhoffabriken im Gängeviertel besetzten, sah sich der Senat mit einem Kreativpotenzial von Kulturschaffenden konfrontiert, welches geschickt die Öffentlichkeit für ihre Ziele gewinnen konnte. Die Künstler*innen, die die Gebäude »vor Verfall und Abriss retten und in der Hamburger Innenstadt einen Raum schaffen wollen, in dem Neues entstehen kann«, haben geschickt Debatten über Gentrifizierung mit ihren Eigeninteressen verbunden. Tausende Besucher*innen strömten zu Ausstellungen, Konzerten, Partys und Lesungen etc. ins Gängeviertel – sie erhielten viel Solidarität und Zustimmung. Schließlich kaufte der Senat die besetzten Häuser zurück, um sie nach Verhandlungen zu legalisieren.

2. Die Besetzer*innen des Wagenplatzes Zomia, die am 20. November 2010 einen Platz in Wilhemsburg besetzten, konnten durch eine breite Öffentlichkeitsarbeit eine sofor-

tige Räumung verhindern und nach mehreren Umzügen auf andere Plätze, Verhandlungen sowie vielen Aktionen, Zugeständnisse für einen Ersatzplatz in Altona erhalten. Andererseits ist die Situation auch nach 2 Jahren noch prekär – noch wird über die Konditionen und Mietzahlungen für das neue Gelände gestritten.

3. Nach nur einem Tag wurde im April 2011 hingegen das *Autonome Centrum Altona* in der Großen Bergstraße 264 geräumt, für das der Hamburger Senat am wenigsten übrig zu haben schien.

Hier funktionierte die Trennung und Spaltung der Besetzer*innen in »autonom=böse« versus »Kunst=gute« Besetzer*innen reibungslos. Die unterschiedlichen Gruppen der Besetzenden haben darauf noch keine gemeinsame Antwort finden können.

Einige wenige Häuser/Zentren konnten sich jedoch über Jahre hinweg auch ohne Verträge und ohne offizielle Legalisierung halten und/oder existieren noch immer. Seit 1989 überlebt die *Rote Flora* in Hamburg als besetztes autonomes politisch-kulturelles Zentrum, ohne je einen Vertrag unterschrieben zu haben. Nachdem die *Rote Flora* anfänglich (1992/93) noch mit dem Hamburger Senat über einen nie zustande gekommenen Nutzungsvertrag verhandelte, hat sie inzwischen ihre Haltung geändert. In einem im Februar 2011 veröffentlichten Positionspapier (»Flora bleibt unverträglich«) erklären sie deutlich:
»Wir werden uns weder freiwillig räumen lassen noch Verhandlungen über eine Legalisierung des Projekts führen. Stattdessen werden wir in einer Stadt, die immer mehr Räume der Verwertungslogik unterwirft und die alle, die dabei nicht mitspielen wollen oder können, an den (Stadt-)Rand drängt, weiterhin Störfaktor bleiben. Denn uns geht es nicht in erster Linie um die Mauern des Hauses, sondern um die *Rote Flora* als politische Idee und als widerständiges Projekt, mit dem wir unser Begehren nach radikaler ge-

sellschaftlicher Veränderung in politische Interventionen umsetzen können.«

Die *Rote Flora*, die auch 2001 angebotene Vertragsverhandlungen ausschlug, sieht den langfristigen Erhalt auch als »ein[en] Erfolg der Kämpfe um die Rote Flora; und zwar nicht nur ein Erfolg für das Projekt selbst, sondern vor allem auch für eine Veränderung der öffentlichen Diskussion über die Legitimität und Durchsetzbarkeit von politischen Akten der Aneignung wie Hausbesetzungen«.

Auch die Gartenstraße 19 in Freiburg ist seit 2010 ohne Verträge und bleibt besetzt:
»Freiräume waren und sind immer umkämpfte Räume. Freiräume sind Orte, an denen wir uns organisieren. An denen wir versuchen, selbstverwaltete Strukturen aufzubauen und Gegenentwürfe zu leben. (...) Ob unkommerzielle Kunst- und Kulturveranstaltungen auf Wagenplätzen oder in Autonomen Zentren, gemeinsames Containern oder solidarische Gartenbaukooperativen, Umsonstläden, Haus/Platzbesetzungen, freie Radios oder besetzte Krankenhäuser – eine selbstorganisierte Gesellschaft kann nur von unten entstehen. Diese kriegen wir nicht geschenkt – wir müssen für sie kämpfen!« (aus dem Aufruf einer Freiraum-Demo 2012)

10. Teile und herrsche!

von Peter Stebel

Bis Ende 1980 waren in West-Berlin nach und nach an die 20 Häuser, zumeist in Kreuzberg, teils oder ganz besetzt worden. Angesichts von Abriss-»Sanierung« und spekulativem Leerstand wurde das bis in die bürgerliche Presse hinein Sympathie weckende Wort »Instand(be)setzung« erfunden.

Schien sich daraufhin fast die Duldung von konservierenden Besetzungen in »abgeschriebenen« Quartieren nach dem bereits bestehenden Muster von Amsterdam oder London abzuzeichnen, so änderte sich die Lage mit der massiven polizeilichen Räumung des soeben besetzten Hauses Fraenkelufer 48 am 12.12.1980 und dem brutalen Vorgehen der Bullen gegen die folgenden Proteste: Die staatliche Repression politisierte und mobilisierte innerhalb von wenigen Wochen dermaßen viele Leute, dass in den nächsten Monaten über 200 Häuser besetzt wurden, zunächst vor allem in Kreuzberg, aber auch in Schöneberg, in Neukölln, in Charlottenburg, im Wedding, in Moabit, in Spandau, in Zehlendorf und in anderen südlichen Bezirken. Damit, und aufgrund der vom Vogel(SPD)-Übergangssenat nach dem Garski-Skandal im Januar 1981 ausgerufenen »Berliner Linie der Vernunft« (keine Räumungen ohne »triftigen Grund«), hatte die Berliner HausbesetzerInnen-Bewegung eine beachtliche räumliche Struktur erobert und autonom organisiert:
»Manche Gruppen (...) versuchten, besetzte Gebäude nicht nur als ›Möglichkeiten alternativen Lebens und Wohnens‹, sondern auch als ›politische Basis im Kampf gegen diesen Staat‹ zu entwickeln. Nahezu alle Gruppen sahen sich als Teil einer über die Grenzen der Bundesrepublik hinweg (...) reichenden Protestbewegung«, wie der Verfassungsschutzbericht des Bundes 1979 schon ganz richtig dargestellt hatte.

Aber von Anfang an gab es den Konflikt zwischen Verhandlungswilligen und NichtverhandlerInnen: Die einen wollten in erster Linie den Stadtteil und seine Strukturen sowie ihren eroberten Wohn- und vor allem Arbeitsraum sichern (verhandlungswillig waren vor allem

Häuser mit konkreten Projekten, ähnlich der bereits legalisierten Ufa-Fabrik), die anderen stellten die Grundsatzfrage nach Eigentum an Wohnraum in Verbindung mit anderen politischen Themen: Umwelt-, Anti-AKW- und Anti-Startbahn-West-Bewegung, Friedens-, Anti-NATO-, Antiimperialismus- und »3. Welt«-Bewegung, Antifa und Anti-Rassismus, Gleichberechtigung und Anti-Repression (Justiz, Knast, Hungerstreik) – alle diese Themen brachten jedenfalls 1981/82 Tausende oder sogar Zigtausende auf die Straße.

Nicht zuletzt das »1, 2, 3, laßt die Leute frei!«, das sich auf die aus den eigenen Reihen verhafteten und verurteilten Leute bezog, hielt die Bewegung zusammen, zumal bei den wespenstichartigen Räumungen (Obentrautstr. 44 am 10.3.1981, Fraenkelufer 46, 48 und 50 am 25.3.1981, Mittenwalder Str. 45 am 22.6.1981) und den Protesten dagegen immer mehr Leute einfuhren und haarsträubende Urteile kassierten.

Auch wenn manche Häuser Einzelverhandlungen anstrebten, statt sich der Forderung nach einer »Gesamtlösung« anzuschließen (ein fataler Konflikt, der sich 1990/91 in Ost-Berlin wiederholte), hielt man sich im Großen und Ganzen an den bereits resignativen BesetzerInnenrats-Beschluss ›Verhandeln soll, wer will, aber Verträge werden erst nach Freilassung der Gefangenen unterschrieben‹...

Moralische Unterstützung leistete eine Eskalationsaktion des neuen Weizsäcker/Lummer (CDU)-Senats: Nach einer Neudefinition der »Berliner Linie« ohne Vernunft wurden, wie schon großkotzig angekündigt, am 22.9.1981 acht Häuser auf einen Schlag geräumt – trotz internationalem TUWAT-Spektakel und breiter öffentlicher Unterstützung.

Davon und sogar vom Tod eines Demonstranten unbeeindruckt ging der Staat mit aller Gewalt vor. Und wieder führte die Repression zu einer vordergründigen

Welle der Solidarität: Alle begonnenen Verhandlungen wurden abgebrochen, die AL, die prominenten »Paten« und die vorgesehenen Legalisierungs-Träger boykottierten den »Gesprächskreis« des Senats.

Offenbar aufgrund der wieder erstarkenden Militanz änderte das System daraufhin seine Strategie: Neben der neuen »Berliner Linie«, jede Neubesetzung innerhalb von 24 Stunden zu räumen, und der Aufrüstung der Bullen, samt Aufstellung spezieller Prügel- und Eingreiftrupps, beschlossen die Bezirksparlamente von Kreuzberg und Schöneberg zwecks Deeskalierung »Räumungsmoratorien« und begannen, neue Legalisierungs- und Träger-Konzepte für ausgewählte Häuser zu entwickeln, die dann auch vorsorglich »Blockräte« als Ansprechpartner bildeten.

Gleichzeitig wurde staatlicherseits mit Unterstützung der bürgerlichen und der rechten Presse die latente Spaltung der Besetzerbewegung in »brave Instandbesetzer« und »kriminelle Chaoten« vehement vorangetrieben, um eine »Gesamtlösung« für alle besetzten Häuser und erst recht eine Lösung der Frage des spekulativen Eigentums an Wohnraum zu verhindern. Zu diesem Zweck wurde ab Ende 1981 der Kriminalisierungs- und »Durchsuchungs«-Terror gegen sogenannte »kriminelle Fluchtburgen« verstärkt: Nach staatlicher Buchführung gab es 1981/82 rund 630 »Durchsuchungen« mit über 3.800 »Personalienfeststellungen«.

Jedes Haus, das daraufhin das höhnische Plakat »Achtung, kriminelle Fluchtburg!« aufhängte, wurde »durchsucht«, also gewaltsam gestürmt und mehr oder weniger verwüstet – ein ähnlicher Krieg wurde im Mai 1982 gegen Anti-Reagan-Transparente an den Häusern geführt: der debile Oberschurke war bitter nötig, um noch einmal große Massen zu mobilisieren, aber der Staat reagierte bürgerkriegsmäßig mit der polizeilichen Abriegelung des gesamten östlichen Kreuzberg und der berüchtigten Einkesselung von Hunderten von Leuten auf dem Nollendorfplatz, dem Versammlungsort der Anti-Reagan-Demo am 11.6.1982, mit ›NATO-Draht‹...

Die BesetzerInnenbewegung wurde zunehmend in einen Zermürbungskrieg verwickelt, den sie nicht in erster Linie deshalb verlieren musste, weil sie sich auf von vornherein aussichtslose direkte Auseinandersetzungen mit der überlegenen Staatsmacht einließ, sondern weil sie ihre Macht von im Sommer 1981 fast 170 besetzten Häusern mit mindestens 2.000 bis 3.000 Bewohnern und zigtausend Unterstützern nicht gemeinsam genutzt, sondern sich hat spalten lassen: Die Forderung nach einer »Gesamtlösung« zerbröckelte immer mehr, auf dem Nichtverhandler-Standpunkt blieben in erster Linie Häuser, die sowieso keine Aussicht auf Legalisierung hatten, und manche, die Aussicht darauf hatten, begannen, wie es wohl staatliches Kalkül war, den Sinn von allgemeiner und »symbolischer« Militanz zu bezweifeln und sich davon ebenso zu distanzieren wie von den ständig »durchsuchten« Häusern, die nicht aus taktischen Gründen auf radikale Parolen verzichten wollten.

Die Bewegung wurde durch permanenten Druck zersplittert und entpolitisiert: Die einen wurden durch zunehmende Räumungsdrohungen und regelmäßige »Durchsuchungen« und Räumungen auf den immer erfolgloseren bloßen Kampf um die Häuser zurückgeworfen, die anderen durch Verhandlungen über Träger- und Fördermodelle und Eigenleistungen bei der »Sanierung« ihrer Häuser beschäftigt und befriedet. Ende 1984 wurde das letzte Haus legalisiert und das allerletzte geräumt – damit war die Hausbesetzer-Bewegung zerschlagen.

Wenige Jahre später stellten verschiedene AutorInnen in der Bilanz des Vereins SO 36 (»...außer man tut es!«, 1989) fest:

»Mit der Durchsetzung der behutsamen Erneuerung und der vertraglichen Absicherung ehemaliger Hausbesetzungen begann ein Normalisierungs- und Klumpenbildungsprozeß, der von keinem äußeren Druck mehr getragen weniger zur Solidarität zwingt und der sich in seinen Aktionen und Träumen mehr und mehr fraktioniert (seit 1984). (...) die pragmatische Arbeit beginnt Ziele und Wünsche auf Übersichtliches und Leistbares zu beschränken, bis zu einem Punkt, wo jede grenzüberschreitende Zielsetzung, jeder utopische Ansatz verlernt ist.«

Man könne »Prozesse (...) der Verregelung von Ausnahmen, der Flurbereinigung zur Anlage neuer Erbhöfe, der Vermoosung von Institutionen als Zuwendungsempfänger, der professionellen Cleverness im Gewand des uneigennützigen Wohltäters erkennen. (...) Es ist aber gleichzeitig eine ›Politik der immer kleineren Kreise‹, die (...) letztlich beim eigenen Haus, der ›Selbstverwirklichung‹ durch Selbsthilfe landet und damit eher im Gruppen- und Beziehungskonflikt als im gesellschaftlichen Konflikt endet.«

Nichts anderes hatte die aggressive Polemik der NichtverhandlerInnen im Besetzerrat vorausgesagt ...

Die von der BesetzerInnen-Bewegung völlig unabhängige neue Militanz am 1. Mai 1987 und 1989 bewies dann, dass 70 oder 80 legalisierte Hausprojekte tatsächlich nichts an der allgemeinen Lage geändert hatten. Die spätere Besetzung des leer stehenden Dachgeschosses (»Erkel«) im alternativen Projekt am Wassertorplatz hat die Kluft zwischen einem zufriedenen privilegierten »Selbsthilfe-Mittelstand« und den nach wie vor bestehenden Problemen der Abgehängten aufgezeigt, und daran hat sich bis heute nichts geändert – die Prekarisierung hat schließlich eher zugenommen.

Ebenso, wie Solidarität nach Jahrhunderten kapitalistischer Erodierung von sozialen Verhaltensweisen leider am ehesten gegen einen gemeinsamen Feind und Repression entsteht, sind Häuser offenbar nur eine »politische Basis«, solange sie illegal sind.

Solidarität wird von den legalisierten Projekten und ihren oft neuen, von alten Kämpfen unbeleckten BewohnerInnen nur da praktiziert, wo sie wegen neuerlicher Bedrohung selbst wieder Solidarität von der »Straße«, der sie ursprünglich ihre Existenz verdanken, einfordern müssen und plötzlich ahnen, dass ihre hübschen Häuser doch Teil des gesamtpolitischen Zusammenhangs sind und ihre bequeme subventionierte Ausnahmesituation nur ein zeitweiliges Aushängeschild des Systems für seine »Liberalität« war.

11. Wagenplätze erobern sich die Innenstädte

Wagenplätze, -burgen und -dörfer entstanden Anfang 80er Jahre und breiteten sich immer mehr aus, so dass, Stand 2012, von circa 200 Wagenplätze ausgegangen werden kann.

Die Größe der Wagenplätze (von einigen Hundert bis zu mehreren Tausend Quadratmetern) sowie deren rechtlicher Status ist sehr verschieden. Während einige akut durch Räumung bedroht sind, haben andere mündliche Duldungsabsprachen, zeitlich befristete oder langjährige Nutzungsverträge, Pachtverträge oder durch Selbstkauf sich absichern können. Die unsichere Situation führt dazu, dass einige der Wagenplätze im Laufe der Jahre oft umziehen mussten und ihre Stellplätze städtischen Planungen unterworfen sind.

Nach der Teilnahme von Wagenplatzvertreter*innen aus mehr als 15 Städten auf den *Internationalen Häusertagen* in Hamburg 1990 nahm die Vernetzung und Organisierung untereinander zu. So kam es 1993 zu einer dreimonatigen Wagen-, Trecker- und LKW-Karawane mit ca. 100 Personen durch Dörfer und Städte der BRD, auf der gegen die Verdrängung ihrer Plätze und ihrer Lebensphilosophie (»Das Leben im Wagen wagen«) geworben wurde.

Als Kommunikationsorgan entstand ab 1991 die unregelmäßig erscheinende Zeitschrift *VogelfrAi,* die jeweils von unterschiedlichen Wagenplätzen konzipiert und rausgebracht wird.

Besonders in Hamburg, Berlin, Freiburg, Kassel und Köln haben sich die Wagenplätze auf ungenutzten Freiflächen und Baulücken der Städte ein Zuhause geschaffen.

Einer der ersten Wagenplätze existierte ab 1981 in der Köthener Straße in **Berlin**-Kreuzberg, später folgten weitere Wagenplätze, u.a. 1984 der von Frauen bewohnte Wagenplatz neben dem *Georg-von-Rauch-Haus* oder der Wagenplatz auf dem besetzten Gelände des Kinderbauernhofes in der Adalbertstraße.

In Berlin gibt es heute zwischen 16 und 20 Wagenplätze, (auf den Plätzen Wagendorf Wuhlheide und Wagendorf Karow *Pankgräfin* leben jeweils um die 100 BewohnerInnen), von denen einige jedoch, wie etwa der *Schwarze Kanal,* mehrmals umziehen mussten. Andere wurden geräumt, vor allem wenn sie in unmittelbarer Nähe der ehemaligen Mauer oder gar auf dem ehemaligen Grenzstreifen lagen wie das *Rollheimer Dorf,* die *Waldeburg,* die *East-Side,* der *Wagenplatz an der Schillingbrücke* (allesamt geräumt bzw. umgesetzt). Nur die *Lohmühle* zwischen Kreuzberg und Treptow existiert noch. Nur ein Jahr nach Vereinigung der BRD und DDR entschied 1991 die Regierungskoalition (CDU/SPD), keine Wagenburgen in zentralen Lagen mehr zuzulassen.

Die Wagenburg *East-Side,* die hinter den Überresten der Mauer entlang der Spree lag, war eine der größten der BRD, und nach der Räumung 1997 wurden alle Bewohner*innen in mehreren Gruppen separiert auf entferntere Stadtgebiete verteilt. Der Räumung ging eine mediale Hetze voraus, doch der damalige CDU-Fraktionschef von Berlin, Klaus-Rüdiger Landowsky, übertraf alle, als er im Zusammenhang mit der Wagenburg in einer Haushaltsrede am 27. Februar 1997 im Berliner Abgeordnetenhaus sagte:

»Ich bin auch dankbar dafür, daß der Senat jetzt intensiv gegen die Verslumung Berlins vorgeht, gegen Sprayer, gegen Müll und Verwahrlosung auch der städtischen Brunnen. Es ist nun einmal so, daß dort, wo Müll ist, Ratten sind und daß dort, wo Verwahrlosung herrscht, Gesindel ist. Das muß in der Stadt beseitigt werden.« (Protokoll der Abgeordnetenhaus-Sitzung)

Dies war nur die Spitze des Eisberges. Bereits vier Jahre zuvor schlug das Bezirksamt Mitte in die gleiche Kerbe, als es in seine Räumungsverfügung für die schließlich von 900 Polizeibeamt*innen mit Wasserwerfern und Räumpanzern erfolgte Räumung der *Waldeburg* an der Waldemarstraße schrieb: »Auch bei großzügiger Betrachtung alternativer Lebensformen in einer offenen, dynamisch entwickelten und pluralistischen Gesellschaft liegt ein Verstoß gegen ungeschriebene gesellschaftliche Verhaltensregeln und Wertevorstellungen vor, die nach herrschende Anschauung als unerläßliche Vorraussetzung für ein gedeihliches staatsbürgerliches Zusammenleben anzusehen sind. Das Äußere der Wagenburg wird von einer Anhäufung baurechtswidriger Bau- und Wohnwagen, sowie Bretterbuden geprägt. Dies widerspricht den modernen Vorstellungen von einem geordneten Zusammenleben in einer Großstadt, zumal in der Innenstadt, insbesondere auch dem ästhetischen Empfinden der übrigen Bevölkerung in direkter Nachbarschaft (...) Für die überwiegende Mehrheit der Berliner Bevölkerung ist die dauerhafte Existenz von Wagenburgen in der Innenstadt unerträglich.«

»Dreck, Schandfleck, Totenkopf-Flagge, Autowracks, ausgebrannte Lastwagen, belästigte AnwohnerInnen und NachbarInnen, Slums in bester Lage, randalierende Punks, Lärm und alkoholische Exzesse, Drogen, reichlich Hunde und mangelnde Hygiene« sind insofern nur einige der Beispiele von Diffamierungen und Schubladendenken, die gegen Wagenbewohner*innen immer wieder erhoben werden. Andererseits hat sich das Bild zum Teil gewandelt und Wagenplätze haben durch Öffentlichkeitsarbeit, z.B. Tage der offenen Tür, Vorurteile abbauen können.

Nach der Ankündigung des **Hamburg**er Senats unter dem damaligen Innensenator Schill der *Partei Rechtsstaatlicher Offensive*, keine Bauwagenplätze mehr zu dulden, und der im Jahr 2002 erfolgten Räumung des Bauwagenplatzes *Bambule*, der neun Jahre lang existiert und eine breite Unterstützungsbasis im Kiez besessen hatte, kam es zu größeren Demonstrationen mit bis zu 10.000 Personen, die sich auch gegen die Politik des Hardliners Schill artikulierte: »Gegen die Hetze, gegen Gesetze, für mehr Bauwagenplätze«, »Randale, Bambule, Hamburger Schule« oder »Schill muß weg«. Künstler*innen, Musiker*innen, sowie Anwohner*innen und lokale Einzelhändler*innen unterstützten den Protest und die Bauwagenplatzbewohner*innen mit vielfältigen Solidaritätsbekundungen.

Etliche Wagenplätze entstehen seit 1987 auch in **Freiburg** – sehr zum Missfallen der Stadtverwaltung. Immer wieder müssen Plätze umziehen oder werden gleich ganz geräumt. Doch die Wagenbewohner*innen organisieren sich und leisten Widerstand – es gelingt ihnen, immer wieder von Neuem Grundstücke zu besetzten. Aktuell existieren 7-10 Wagenplätze in Freiburg.

Der erste besetzte Wagenplatz im Stadtteil »im Grün« musste 1987 nach einigen Monaten auf ein anderes Gelände umziehen. Ein anderer Wagenplatz auf dem Vauban-Gelände, zeitweise mit bis zu 100 Wägen, konnte sich dagegen drei Jahre, von 1994-97, halten. In den folgenden Jahren kam es weiteren Platzbesetzungen von Gruppen wie den *Freiburger Strassenpunx*, aber auch zu Räumungen und einer ganzen Reihe von Umzügen auf Ausweichorte.

Die Gruppe *Schattenparker* besetzte 2005 erneut ein Grundstück auf dem Vauban-Gelände. Nach der Räumung und weiteren Zwischenstationen stehen sie seit 2007 auf dem Gelände »Pony/Himmelfall«. Das *Kommando Rhino*, ein neues politisches Kunst-, Kultur- und Wagenkollektiv, besetzte am 29. Juli 2009 ein Grundstück (M1) des geplanten »Green Business Centers« am Eingang des Vauban-Geländes. Im August 2009 sprang der Investor für das Green Business Center ab, der Freiburger Stadtrat veräußerte das Gelände an die Freiburger Stadtbau GmbH.

Zweijährige Verhandlungen mit Vertreter*innen der Stadtverwaltung und Bemühungen des *Kommando Rhino* um die Pachtung eines Privatgeländes brachten kein Ergebnis. Im August 2011 ließ die Stadtverwaltung mit dem Grünen Bürgermeister Salomon den Wagenplatz räumen, auch im Vorfeld errichtete meterhohe Barrikaden konnten die Polizei nicht aufhalten. Doch die Utopien auf »einen, zwei, viele selbstverwaltete Wagenplätze« sind in den Köpfen geblieben – Wagenleben ist aus Freiburg nicht mehr wegzukriegen.

12. Besetzen in der DDR

Zu Besetzungen von Tausenden von Wohnungen und vereinzelt Häusern kam es auch in der DDR seit Anfang der 70er Jahre, insbesondere in Städten wie Berlin, Leipzig, Jena, Halle und Rostock.

Die Besetzungen, die nach außen weniger sichtbar waren als etwa die in der alten BRD und Westberlin, erfolgten aus unterschiedlichen Gründen – zum einen aus politischen Erwägungen, um Freiräume für eine andere Lebensgestaltung zu schaffen, zum anderen, weil eine Wohnung benötigt wurde, die man aber nicht bekam bzw. die einem nicht zugewiesen worden war.

Der Wohnraummangel war wohl das vordergründigste Motiv zu handeln. Zwar wurden zwischen 1971 und 1990 einerseits zwei Millionen neue Wohnungen gebaut, anderseits verringerte sich die Zahl der bewohnbaren Altbauwohnungen um 1 Million. Da zudem der Abriss teuer war, standen von der Bauaufsicht gesperrte Häuser jahrelang leer und prägten so das Bild vieler Städte der DDR. Die im Sommer 1990 besetzten Häuser der Mainzer Straße 2-11 in Ostberlin können als solches Beispiel bezeichnet werden. Schätzungen gehen von einem Leerstand von 235.000 bis 400.000 Wohnungen in der gesamten DDR aus.

Über absolute Zahlen besetzter Wohnungen gibt es keine verlässlichen Angaben – nur Schätzungen und vorläufige Bestandsaufnahmen. Während die staatliche Seite für das Jahr 1979 in Berlin noch 1.200 Wohnungsbesetzungen registrierte, so waren es 1987 allein im Bezirk Prenzlauer Berg schon 1.270 Besetzungen. Diese Besetzungen wurden in der Amtssprache, hier zitiert aus einer Sitzung des Rates des Stadtbezirkes Prenzlauer Berg aus dem Jahr 1987, als »Wohnungen mit ungeklärten Mietverhältnissen« betitelt. Zudem wurden im gleichen Jahr regelmäßig Mietzahlungseingänge zwischen 25.000 und 30.000 Mark festgestellt, die keiner Wohnung zuzuordnen waren, da auf den Einzahlbelegen weder Anschrift noch Absender angegeben waren. Vermutlich kann in den 1980er Jahren in Ostberlin (Berlin Hauptstadt der DDR) von einigen Tausend besetzten Wohnungen ausgegangen werden. Und für Rostock liegen Schätzungen von Anfang 1990 von bis zu 700 besetzten Wohnungen vor.

Das Besetzen bedeutete eine Unterhöhlung der staatlichen Kontrolle, eine Untergrabung der staatlichen Autorität, weil man eben nicht auf eine Wohnungszuweisung warten wollte, sondern sich selbst, autonom eine leer stehende Wohnung aneignete. Da die Mieten in der DDR sehr gering waren, spielten ökonomische Gründe keine Rolle – oft zahlten die Besetzer*innen Miete ohne je einen Vertrag abgeschlossen zu haben, weil sie sich dadurch erhofften, »quasi« als Mieter*in von den staatlichen Wohnungsbaugesellschaften (nachträglich) anerkannt zu werden.

Neben dem eigentlichen Akt der Besetzung, wurden unterschiedliche Methoden angewandt, um die Wohnungen auch behalten zu können. Von der oben beschriebenen präventiven Mietzahlung über Tricks beim Wohnungsamt, informellen Abmachungen mit dem/der VermieterIn bis hin zu Tricks beim Wohnungstausch wurden alle Register gezogen.

Wenn auch in der Mehrheit die Besetzenden, Einzelpersonen oder kleine Gruppen, in erster Linie zum Wohnen in die oft baufälligen oder abbruchreifen Buden einzogen – eine praktizierte Form der Selbsthilfe –, so kann doch in einigen Fällen, so berichtet der Autor Udo Grasshoff in seinem Buch »Schwarzwohnen«[1] in der DDR, »von einem kulturoppositionellen Milieu mit Ansätzen einer

---

1 Der Begriff »Schwarzwohnen« als Bezeichnung für Besetzen, Wohnen ohne Miete, Wohnen im Abriss oder Wohnen ohne staatliche Zuweisung wurde von den Bewohner*innen als positive Selbstbezeichnung gewählt. Es ist in diesem Zusammenhang aber darauf zu verweisen, dass oft Schwarz als Farbempfindung ist mit seinen zahlreichen negativen Bedeutungszusammenhängen wie z.B. »Schwarzfahren«, »Schwarzarbeit«, »schwarz sehen«, »schwarzer Peter« einen rassistisch konnotierten, ideologischen Hintergrund besitzt und assoziativ an das Bild von Afrikaner_innen und Menschen afrikanischer Abstammung gekoppelt ist. Im Gegenteil dazu ist weiß positiv besetzt und steht für das Unschuldige, Wahre, Gute, Reine und Rationale. Weißsein als »unmarkierter Markierer« setzt sowohl ästhetisch als auch weltanschaulich eine bestimmte Norm und verteidigt nach wie vor den Anspruch einer weißen Deutungshoheit und Suprematie. Siehe auch: http://www.panafrikanismusforum.net

phantasievollen Vielfalt von Projekten, Initiativen und Gruppen« gesprochen werden. Nachdem die Wohnungen instandgesetzt wurden, entstanden Gemeinschaften ohne Zwang und Kommunen – eine alternative Kultur hielt Einzug. Dabei handelte es sich um Hausgemeinschaften mehrerer besetzter (und zum Teil dann legalisierter) Wohnungen in einem Haus.

Es gab Galerien und Ateliers von Künstler*innen, Bars und Cafes, Proberäume für Musikgruppen (Punk und Rock und mehr), Orte für Theater, Happenings und politische Versammlungen.

In Halle und Berlin wurden zeitweise alternative Kinderläden eingerichtet – »einige bewohnte Häuser entwickelten sich in den 1980er Jahren zu Inseln anarchistischer Jugendkultur«.

Zu einer der ersten Besetzungen kam es bereits 1967 in **Halle**, als eine Wohnung in der Kleinen Marktstraße 3 ohne Zuweisung bezogen und später auch für einen Literatur-Zirkel benutzt wurde. In Halle und anderen Städten sollten mehrere Altbaugebiete der Flächensanierung zum Opfer fallen, und da zwischen Planung und Abriss oft viele Jahren lagen, hat dies die Besetzungen begünstigt.

In mehreren besetzten Wohnungen trafen sich ab 1971 in Halle 15-30 Leute, die anarchistische Songs von Gruppen wie den Ton Steine Scherben (»Macht kaputt, was euch kaputt macht« und »Keine Macht für Niemand«) hörten und über politische Themen (Prager Frühling, Demokratischer Sozialismus, Abschaffung der Wehrpflicht etc.) und Systemkritik (mit Texten von Havemann, Biermann, Marcuse, Garaudy, Mao, Marx etc.) diskutierten. Gemäß der von Rudi Dutschke geprägten Parole »Marsch durch die Institutionen« versuchten zwei Personen dieser Gruppe, sich auf der Stadtbezirksebenen der FDJ zu betätigen. Durch einen in dieser Gruppe bereits 1971 eingeschleusten Spitzel wurde dieser Kreis nach den Weltfestspielen 1973 jedoch zerschlagen, ein 18-jähriger Schüler wurde zu 4 Jahren Haft, eine andere Person zu 5 Jahren Haft wegen staatsfeindlicher Politik verurteilt. Der Spitzel Lutz Hampel wurde dagegen vom MfS ausgezeichnet.

In **Leipzig** entstanden Hausgemeinschaften in der Brausestraße 20 und in der Neudorfgasse 16.

Und für sogenannte Rockpalastfeten wurde für einen Tag das abbruchreifes Haus in der Roßmarktstraße 37 besetzt. Auf mitgebrachten TV und Radios wollte man am 28. März 1981 zu der Musik von *The Who* and *Grateful Dead* (live aus der Grugahalle) tanzen und abrocken. Doch die Volkspolizei fand das gar nicht lustig, beendete die Party und verhaftete die über 100 Schüler*innen und Jungarbeiter*innen zwischen 16 und 22 Jahren, die nach Verhören bis zum nächsten Morgen und dem Verhängen von Ordnungsstrafen von 75 bis 300 Mark freigelassen wurden. Auch diese Party war im Vorfeld von einem IM verraten worden. Zum Treffpunkt der Leipziger Punkszene entwickelte sich ein Haus in der Dufourstraße 34, das sich bis zum Frühjahr 1989 halten konnte.

Auch in **Rostock** wurde besetzt: In der Wollenweberstraße 50 existierte ein Hausprojekt, in dem auch Theaterstücke von Max Frisch aufgeführt wurden, und in der Großen Goldstraße besetzten einige Student*innen 1979 ein ganzes Haus und feierten dort kräftig. Sie verließen es jedoch freiwillig wieder, als das Rektorat drohte, sie von der Uni auszuschließen. Kurz danach wurde das Haus abgerissen.

In **Schwerin** gab es das Theaterspielhaus in der Ernst-Thälmann Straße 55, und in **Jena** etablierte sich in der Quergasse 12 (seit den 1970er) eine politische Hausgruppe, in der sich später ein Solidaritätskreis mit dem Namen *el* *camino* für die Nicaraguanische Revolution von 1979 bildete und regelmäßig Sachspenden (von Kleidern bis hin zu Nähmaschinen) für das Land sammelte.

Einige Bewohner*innen in der zum Teil besetzten Zwätzengasse 7, die zum Umfeld der (Friedens-)Opposition in Jena zählten, verstanden sich, sogar als »Autonome Republik der Spaßguerilla«.

Auch organisierten einige der Besetzer*innen der Zwätzenzgasse das *1. Spontane Jenaer Open-Air-Frühstück* am 12.7.1986, an dem ca. 40 Personen teilnahmen. Doch die Staatsmacht wertete das als Provokation und reagierte mit der Absperrung des Platzes, einer Personalienfeststellung und diversen Geldstrafen. Später ist ein großer Teil der Bewohner*innen in die BRD ausgereist.

Ein große Anzahl alternativer Projekte, Hausgemeinschaften, besetzter Wohnungen und Häuser (eher weniger) existierte schließlich in **Berlin**: Die Rykestraße 27 und die Simon-von-Dach Straße 10/11 waren als Hausprojekte bekannt, während in der Mühsamstraße 63 eine kleine Kinderkommune mit vier Kindern und einigen Erwachsenen wohnte und in der Husemannstraße 14 von 1980 bis zur Zwangsräumung 1983 ein selbstverwalteter Kinderladen betrieben wurde.

Als Orte der Subversion, der politischen und kulturellen Opposition und des vielfältigen Protest galten auch die Häuser Dunckerstraße 21, Lychener Straße 61 und Fehrbelliner Straße 5 in Berlin-Prenzlauer Berg. In der Lychenerstraße 61 kam es gegen Ende der 1980er Jahre zu einigen Polizeirazzien und Hausdurchsuchungen mit dem Ziel, das Hausprojekt zu zermürben und letztlich zur Aufgabe zu bewegen. Doch die BewohnerInnen setzten sich zur Wehr und erklärten in den *Umweltblättern*: »Durch die Liquidierung der wenigen selbstverwalteten Projekte soll Druck auf die Engagierten die Anpassung oder Ausreise erzwingen. (...) Die Instandbesetzer wollen der erneuten kulturellen und geistigen Verwüstung des Landes widerstehen«. Als der erste Räumungstermin Anfang März 1988 schließlich anberaumt war, wurde mit Postkarten »Berlin ohne Lychener 61 ist wie Hammer ohne Sichel« dagegen mobilisiert. Nach der Räumung folgte im Sommer 1988 eine Wiederbesetzung und schließlich die endgültige Räumung.

In der Fehrbelliner 5, die seit den 1970er Jahren schrittweise von KünstlerInnen, MusikerInnen und anderen Leute besetzt worden war, gründete sich das *Netzwerk Arche* sowie konzeptionell die *Umweltbibliothek* (UB) – bisweilen wohnten bis zu 7 Personen der UB in dem Haus.

Nachdem einige in den 80er Jahren in die BRD gegangen waren, kamen neue BewohnerInnen hinzu. Das Haus war auch musikalisch sehr engagiert – hier probten viele ›bekannte‹ Bands wie *Freygang, Die Firma, Zuma* oder *Feeling B*. Das Haus hat sich in die neue Besetzungswelle Ende 1989/Anfang 1990 hinübergerettet und sich ebenfalls ganz offiziell zum besetzten Haus erklärt.

Doch all diese genannten Beispiele repräsentieren in der Gesamtsumme nur eine Minderheit – die überwiegende Zahl der Besetzungen ist nicht sichtbar nach außen getragen worden. Und da kaum systematische Kontrollen zur Wohnraumbelegung stattfanden, wurden die BewohnerInnen auch selten aufgespürt. Und wenn doch, konnte trotzdem oft noch in der Wohnung verblieben oder eine andere Wohnung bekommen werden. Geräumt wurde selten, weil gemäß Zivilgesetzbuch der DDR BesetzerInnen nur dann die Wohnung verlassen mussten, wenn eine andere zumutbare Bleibe zur Verfügung stand. Trotz angedrohter Zwangsgelder bis zu 4.000 Mark, Einschüchterungen von Seiten der KWV oder vereinzelter Räumungen bekam die DDR die massenhaften Aneignungen leerer Wohnungen nie unter Kontrolle. Allerdings war die Staatsmacht andererseits auch nicht zimperlich, wie die Beispiele beweisen, wenn sie eine größere politische Gefahr hinter den Besetzungen vermutete.

Die ab Ende 1989/Anfang 1990 einsetzende massive Welle von Hausbesetzungen in Ostberlin sowie anderen Städten war in gewisser Weise für viele aus der DDR, die sich daran beteiligten, die Fortsetzung der Besetzungen von Wohnungen und Häusern in der DDR. Doch seit der Öffnung der Mauer kamen noch die Besetzungswilligen u.a. aus der BRD und Westberlin dazu ...

13. Was noch zu sagen wäre ...

Wir haben diese Häuser besetzt,
nicht nur, weil wir eine Vorliebe
für alte Gebäude haben,
sondern weil wir ein Bedürfnis haben
nach neuen Inhalten.

Nicht die Mauern interessieren uns,
denn die sind käuflich,
sondern was innerhalb der Mauern geschieht,
denn das ist nicht käuflich.

Wenn wir bei den alten Inhalten bleiben,
versprecht ihr, kommt alles ins Lot,
dann lasst ihr auch über Gebäude
mit euch reden.

Ihr bietet uns neue Gebäude,
wenn wir bei den alten Inhalten bleiben.
Was ist das für ein Geschäft!

Aber wenn wir auf neue Inhalte bestehen,
versprecht ihr, uns die Räude und
die Pest anzudichten.
Eure HelfershelferInnen werden Kriminelle
aus uns machen,
versprecht ihr, die man abführen kann.

Deshalb haben wir nicht nur Gebäude besetzt.
Wir haben Inhalte von Gebäuden besetzt.
Und Inhalte sind unverkäuflich.

Literatur

A.G. Grauwacke: Autonome in Bewegung. Assoziation A, Berlin 2004

amantine: Gender und Häuserkampf. Unrast, Münster 2011

Bodenschatz, Heise, Korfmacher: Schluß mit der Zerstörung? Stadterneuerung und städtische Opposition in West-Berlin, Amsterdam und London. Anabas, Gießen 1983

Georg von Rauch-Haus: Kämpfen Lernen Leben. Eigendruck, Berlin 1972

Gnaudschun, Göran: Vorher müßt ihr uns erschießen, Hausbesetzer in Potsdam. Berlin 2001

Grasshoff, Udo: »Schwarzwohnen« – Die Unterwanderung der staatlichen Wohnraumlenkung in der DDR.V&R unipress, Göttingen, 2011

Grasshoff, Udo:Leben im Abriss. Hasenverlag 2012

Kreuzdorf e.V., Kreuzberg Museum (Hg.): Wagenburgleben in Berlin. Berlin 2008